우주를 품은 호랑이

우주를 품은 호랑이

21세기 한국의 우주 발전 전략

글·그림 **김 훈**

우주의 시간과 공간 속에
한국의 새로운 우주를 설계하다.

바른북스

머리말

책의 구성과 전개

미국 우주개발의 대표기관인 나사는 "우주는 단지 미지의 영역이 아니라, 우리의 삶을 지탱하는 기반이자 미래 세대에게 물려줘야 할 자산"이라 표현했고, 스티븐 호킹 박사는 생존의 관점에서 "우주는 인류가 미래를 준비해야 할 다음 무대"라고 했습니다. 이러한 사고는 지난 70여 년간 우주기술 개발과 인프라 구축을 견인하였고 지구의 통신, 기상예보, 내비게이션, 국방 및 금융의 기반이 되었으며, 우주 영역은 자연스럽게 국가의 정책 설계와 안보 및 경제 전략에 핵심적인 변수가 되었습니다.

이 책은 '우주에 대해 우리가 아는 것이 과연 충분하고 균형적인가'라는 질문에서 출발합니다. 많은 이들은 우주를 말할 때 과학기술과 탐사의 영역으로만 제한하여 이해하려는 경향이 있습니다. 하지만 우주는 이제 전 세계의 정치·경제 질서를 구성하는 공간이자, 국가 간 협력과 갈등, 그리고 시민의 삶까지 관통하는 중층적 플랫폼이 되었습니다. 저자는 이러한 현실 속에서 우주를 보다 전략적으로, 보다 통합적으로 이해해야 할 시점이 도래했음을 강조하고자 이 책을 집필하게 되었습니다. 따라서 독자들이 우주를 보다 구조적이고 실체적으로 이해할 수 있도록, 총 4개의 장으로 책을 구성하였습니다. 각 장은 다음과 같은 순서로 작성되었습니다.

1장 '우주시대 출발점'은 독자의 삶 속에서 우주가 이미 자리 잡고 있다는 것을 체감하게 하는 데 초점을 둡니다. 김우주 대리의 밴쿠버 출장 당일 서울의 아침 하늘을 타고 내려오는 인공위성의 데이터는 기상예보를 만들어 내고, 인천공항으로 향하는 자동차의 내비게이션은 글로벌 위치체제(GPS)를 기반으로 작동합니다. 북극항로를 비행하는 항공기는 우주 환경의 직접 영향을 받으며, 밴쿠버의 오후 시간 우주비행사 관련 뉴스 등을 통해 우리가 세계 및 우주와 실시간으로 연결되어 있다는 사실을 실감하게 됩니다. 이렇게 일상 속 사례들을 통해 우주가 개인의 삶과 이익에 깊이 관여되어 있음을 보여주고, 이어지는 '국가이익과 우주전략'에서는 민주주의 국가에서 정권이 국민의 선택을 통해 탄생하고, 그 정권이 정책을 수립하며, 정책이 전략으로 이어지는 국가 시스템의 작동원리를 보여줍니다. 이 흐름 속에서 우주전략은 국가의 생존과 번영을 위한 장기적, 총체적 판단의 산물임을 강조합니다.

2장 '우주 발전 전략의 시대'는 오늘날의 우주 환경의 특성과 행위자들의 상호작용을 고찰합니다. 21세기 들어 뉴스페이스(New Space) 시대가 열리면서, 우주는 더 이상 일부 국가 주도의 폐쇄된 공간이 아닌 민간과 상업, 과학과 안보가 얽힌 복합적 전략의 장이 되었습니다. 많은 독자들이 일론 머스크의 스페이스X나 아마존의 프로젝트 카이퍼, 스타트업들의 큐브위성 등의 사례를 통해 상업 분야가 중요한 역할을 하고 있음을 알고 있습니다. 하지만 우주의 행위자들(Space Actor)은 이들만 있는 것이 아닙니다.

이 장에서는 '우주행위자'의 다변화, 기술과 안보 협력의 결합, 한반도 안보에 영향을 주는 특정 국가들의 전략적 움직임 등을 다루며, 한국이 어떤 입장에서 이를 분석하고 준비해야 하는지를 생각해 봅니다. 또한 우주전략 환경의 구조적 특성을 살펴보며, 그것이 지구의 전통적 전략 환경과 어떤 공통점과 차이점을 지니는지 살펴봅니다. 우주는 주권이 명확하지 않고, 동시에 모든 국가가 유리한 고지를 선점할 수 있는 비대칭의 공간이며, 동시에 인공물의 밀집으로 인해 충돌과 마찰이 빈번하게 발생할 수 있는 '혼잡한(congested) 환경'입니다. 경쟁은 기존 강대국 간뿐 아니라 민간-국가, 신흥국-우주 강국 간에도 벌어지며, 위성 파괴 및 전자전, 통신차단 등의 기술적 위협도 전략 환경의 일부로 작용합니다. 이러한 환경을 이해하지 못하면 현실적인 전략 수립은 불가능합니다. 결국 우주는 지상과는 다른 자연적 환경과 대응이 요구되는 공간이지만, 인간의 이해와 대응 방식은 여전히 지구에서 발전시켜 온 전략적 사고의 틀을 기반으로 할 수밖에 없습니다. 따라서 우주를 전혀 다른 차원으로 분별하기보다는, 기존 지정학적 정책 및 전략적 관점과 함께 접근할 필요가 있습니다.

특히 '우주활동의 통합적 이해와 맞춤형 접근' 파트에서는 군사안보, 과학탐사, 상업발전, 국제협력이라는 네 영역이 완전 독립된 것이 아니라 유기적으로 작동하는 시스템이라는 점을 강조합니다. 우주는 군사적으로는 억제력의 플랫폼이자 정보전의 중심이며, 과학적으로는 행성 간 생명의 단서를 찾는 탐험의 장입니다. 상업적으로는 로켓 제작에서 미래 자원 채굴과 에너지 전환에 이르는 확장의 공간이며, 외교적으로는 각국의 행동으로 신뢰가 증진되는 반면 분쟁의 소지가 발생하기도 하는 공간입니다. 규범과 질서는 단지 공감 및 선언의 문제가 아니라, 실제 국가 간 협상과 위성 운용, 충돌 회피, 데이터 공유의 실천 속에서 구체화됩니다. 이러한 복합적 메커니즘을 이해하고 대응하려면, 기본적으로 우주에 대한 전략적 사고가 필요하며 잠재적 우주행위자인 한국의 독자들에게 전략적 사고를 제시하고자 합니다.

3장 '우주 발전 전략 수립'에서는 전략 수립의 기본 골격인 목표(Ends), 방법(Ways), 수단(Means)을 중심으로, 국가이익의 분석부터 현실적인 전략 방안 제시, 전략 타당성과 위험관리까지의 과정을 종합적으로 다룹니다. 그 예로, 한국의 우주체제 자율성과 동맹 및 우방국과 협력의 균형, 상업 분야의 발전과 경제발전, 다자 우주안보 규범 참여 등의 전략 목표와 방법 및 수단 간의 전략적 일치(Alignment) 문제가 제시됩니다. 목표가 단지 선언에 그치지 않고, 수단과 자원이 그것을 뒷받침하며, 방법이 상황에 유연하게 적응할 수 있어야 한다는 점에서, 전략은 끊임없이 정렬되고 조정되어야 하는 동적 구조입니다. 이는 곧 '전략은 살아 있는 설계도'라는 철학적 인식으로 이어집니다.

4장 '우주 발전 전략의 도전과 전망'에서는 우리가 설정한 전략이 어떤 도전과 미래 과제에 직면하게 될지를 다루며, 전략이란 고정된 답이 아니라 유동적인 대응과 조정의 산물임을 강조합니다. 우주파편 문제, 민간 위성 공격 가능성, 기술 탈취와 데이터 주권 문제, 우주경제의 에코시스템 형성 등은 단기적 해결 과제이자 장기적 준비가 동시에 요구되는 이슈들입니다. 이 장은 그러한 전략의 '미래성'과 '진화 가능성'을 설득력 있게 제시하고자 합니다.

한편 이 책은 전략서를 표방하지만, 너무 학술적으로 흐르지 않도록, 동시에 감상적 에세이로도 빠지지 않도록 균형감 있게 서술하고자 했습니다. 이는 이 책이 단지 전문가나 정책 입안자만이 아니라, 한국 사회 전체 구성원과 미래 세대 모두에게 열려 있기를 바라는 마음에서입니다. 이 책은 '우주를 바라보는 우리 자신의 시선을 전략적으로 바꾸는 일'이 바로 지금 우리 사회의 추진 과제라는 점을 강조합니다.

당부 말씀과 감사

한국 사회는 아직 우주에 대한 충분한 사회적 경험과 통합적 시각을 갖추지 못한 것이 현실입니다. 많은 사람들이 우주에 대한 정보를 미디어, 또는 자신의 관심사에 따라 단편적으로 접하게 됩니다. 뉴스에서 소개되는 극적인 발사 장면, 민간인의 우주

여행, 유명 기업인의 우주 진출 이야기는 우리에게 흥미를 줄 수 있지만, 그 이면의 전략적 구조나 국가적 의미까지는 잘 전달되지 않습니다. 그 결과, 우주는 여전히 '먼 나라의 일'로 간주되고, 우리의 정책, 전략, 사회적 선택과는 분리되어 인식될 위험이 있습니다.

그러나 우주는 개인의 이익뿐 아니라 국가의 생존과 발전, 사회적 가치 실현에도 깊숙이 연관된 공간이라는 사실을 강조 드립니다. 이 책은 바로 그런 관점에서, 독자가 우주를 보다 포괄적이고 균형감 있게 바라볼 수 있는 '생각의 틀'을 제공하고자 했습니다. 우주시대 출발점에서 일상의 삶이 우주와 어떻게 연결되어 있는지를 설명한 이유도, 국가이익과 전략이라는 큰 맥락으로 독자의 인식을 전환시키기 위함입니다.

또한 우주 역시 지구의 연장선상에서 정치, 경제, 안보, 과학, 기술이 함께 작동하는 전략적 공간입니다. 군사안보, 상업적 확장, 과학탐사, 국제규범 등 다양한 영역이 얽혀 있고, 이를 설명하는 것은 한국 사회에서 쉬운 일이 아닙니다. 특히 군사문화와 군사적 접근 시각에 거리감을 두며 정치적 양극화가 심화된 한국 사회의 문화적 배경 속에서, 우주전략을 종합적으로 이해하는 데는 보다 진솔한 저자의 설명과 독자들의 균형적 사고가 필요하다고 봅니다. 이 책의 2장 후반에서는 그러한 복합적 구조를 좀 더 학문적 논리로 설명하고자 했습니다. 이를 통해 한국 사회가 우주라는 전략 환경 속에서 주체적이지만 균형적으로 사고하고 판단하는 분위기가 조성되길 희망합니다.

한국 사회에서 국가우주전략을 직접 다룬 저술은 드문데, 그것은 전략이라는 것이 마치 군사 분야의 전유물처럼 인식되거나 우주 분야의 각 전문가들이 자신들의 영역에만 한정시켜 연구 및 발전시킨 데 많은 영향을 받고 있습니다. 저는 이 책이 감히 국가우주전략이라는 통합적 논의의 첫 출발점이자 앞으로 이어질 더 많은 논의의 마중물이 되기를 바랍니다. 독자 여러분께서도 이 책을 통해 우주에 대한 생각의 폭을 넓히고, 전략이라는 눈으로 우주를 새롭게 바라보는 기회를 갖게 되시기를 바랍니다.

한 가지 덧붙이고 싶은 설명은, 이 책의 표지와 본문에 등장하는 저자가 그린 호랑이 민화(民畵)에 담긴 상징적 의미입니다. 호랑이는 오랜 세월 한국을 대표하는 동물로 여겨져 왔습니다. 단군신화에도 등장하고, 1988년 서울올림픽에서는 마스코트 '호돌이'로 세계무대에 소개되었으며, 오늘날에는 한국 축구대표팀의 상징으로도 쓰이고 있습니다. 이러한 호랑이의 상징성은 민속문화적 전통에만 머무르지 않습니다. 동양철학의 오행(五行) 사상에서는 동쪽을 나무(木)의 방향으로 보며, 이는 생명력과 시작, 확장이라는 의미를 담고 있습니다. 전통적인 60갑자 우주 순환 주기 속에서 천간(天干)과 지지(地支) 체계는 이 나무의 기운을 특정한 조합으로 표현하고 있는데, 나무로서 제일 처음 시작되는 것이 '갑인(甲寅)'입니다. 천간의 갑목(甲木)은 우주의 시작을 의미하는 나무이며, 지지의 인목(寅木)은 호랑이를 의미하는 나무입니다. 따라서 한국을 새로운 우주 시대 동쪽의 호랑이 나라로 해석하게 하는 원리로 생각합니다.

저자는 이 책에서 호랑이를 한국 그 자체로 상징하며, '우주인'은 새로운 시대의 주체로서 뉴스페이스 시대의 변화를 이끌어 가는 모든 행위자들을 가리킵니다. 따라서 '우주를 품은 호랑이'라는 제목은, 한국의 기상을 담은 호랑이의 이미지와 한국이 맞이한 새로운 우주시대를 함께 아우르는 상징입니다. 저자는 이 책을 통해, 호랑이의 강인함과 민첩함이 한국을 우주시대의 중심으로 도약시키는 염원을 담고자 했습니다.

마지막으로 호랑이를 우리의 전통적 회화 방식으로 표현하는 데 지도편달을 아끼지 않은 김지우 선생님과 본 책자가 나오도록 정신적인 지원을 아끼지 않은 아내 '앵그리 송' 여사에게 감사드립니다. 또한 항상 졸저가 나올 때마다 퇴고를 위해 노력을 아끼지 않는 권인혁 후배에게 감사를 보냅니다.

감사합니다.

김훈

우주 관련 용어 정의

- **AIS**(Automatic Identification System) – 자동선박식별시스템: 위성을 통해 선박의 위치, 속도, 방향 등을 실시간으로 추적하는 시스템.
- **ASAT**(Anti-Satellite Weapon) – 대위성무기: 적국의 위성을 파괴하거나 무력화하기 위해 개발된 무기체계로, 우주안보와 파편 생성 문제와 직결됨.
- **Constellation** – 인공위성군(群).
- **COPUOS**(Committee on the Peaceful Uses of Outer Space) – 유엔 외기권 평화이용위원회: 우주 공간의 평화적 이용을 논의하는 UN 산하 기구.
- **COTS**(Commercial Orbital Transportation Services) – 민간 궤도 수송 서비스: NASA가 민간 기업과 협력해 궤도 운송을 수행하는 프로그램.
- **DARPA**(Defense Advanced Research Projects Agency) – 미 국방고등연구계획국 우주기술을 포함한 미래형 국방 기술연구 주도 기관.
- **DoD**(Department of Defense) – 미 국방부.
- **Downstream** – 다운스트림: 위성 데이터를 활용한 서비스(예: 통신, 항법, 원격탐사 등) 제공 영역.
- **DSS**(Defense Space Strategy) – 미 국방우주전략서
- **Dual-Use** – 이중용도 기술: 민군 겸용으로 활용 가능한 위성 및 장비 기술.

- **EMP**(Electromagnetic Pulse) – 전자기펄스: 핵 또는 비핵 장비에 의해 발생하여 전자기기에 치명적인 손상을 줄 수 있으며, 위성과 지상 인프라에 광범위한 영향을 미침.
- **EO**(Earth Observation) – 지구관측: 위성을 이용해 지표, 대기, 해양 등의 정보를 수집하는 활동.
- **ESA**(European Space Agency) – 유럽우주국: 유럽 공동 우주개발 기구.
- **FAA**(Federal Aviation Administration) – 미 연방항공청.
- **GNSS**(Global Navigation Satellite System) – 글로벌 항법 위성 시스템: GPS, 갈릴레오, 글로나스 등 다양한 국가의 위성항법 시스템을 통칭.
- **GEO**(Geostationary Earth Orbit) – 정지궤도: 지구의 자전속도에 맞춰 고도 약 35,786km에서 정지해 있는 궤도.
- **ISS**(International Space Station) – 국제우주정거장: 여러 국가가 협력해 운영하는 저궤도 우주 실험 기지.
- **ITU**(International Telecommunication Union) – 국제전기통신연합: 위성 궤도 및 주파수 자원의 할당을 관리하는 UN 산하 기구.
- **KPS**(Korean Positioning System) – 한국형 위성항법 시스템: 한국이 개발 중인 독자적 위성항법체계.
- **KARI**(Korea Aerospace Research Institute) – 한국항공우주연구원.
- **KASA**(Korea AeroSpace Administration) – 한국우주항공청.

- **LEO**(Low Earth Orbit) – 저지구 궤도: 고도 2,000km 이하의 위성 궤도. 통신, 관측 위성이 주로 위치.
- **LST**(Lunar Surface Technology) – 달 표면 기술: 달 기지 건설, 자원 채굴 등 달 탐사 관련 기술.

- **MAD**(Mutually Assured Destruction) – 상호확증파괴: 핵 강대국 사이에서 적이 핵 공격을 가할 경우 상대편도 전멸시키는 보복 전략.

- **NASA**(National Aeronautics and Space Administration) – 미 항공우주국: 미국의 우주 탐사, 과학 연구를 주도하는 정부 기관.
- **NOAA**(National Oceanic and Atmospheric Administration) – 미 해양대기청: 기상위성 및 기후 관련 우주활동을 수행.
- **NORAD**(North American Aerospace Defense Command) – 북미항공우주방위사령부: 우주 추적 및 경보 임무를 수행하는 미-캐나다 연합군.
- **NSF**(National Science Foundation) – 미 국립과학재단: 우주 천문학, 기초과학 연구를 지원하는 미국 정부 기관.
- **NSS**(National Security Strategy) – 미 국가안보전략서.

- **ODA**(Official Development Assistance) – 공적개발원조.
- **OST**(Outer Space Treaty) – 외기권 우주조약: 1967년 체결된 우주의 탐사 및 이용에 관한 조약.
- **Resilience** – 복원력, 회복탄력성으로 표현하며 시스템의 기능을 유지하고 복구하는 역량, 기술적 부분에서 복원력, 심리·사회적 부분에서 회복탄력성으로 구분할 수 있으나 본 책에서는 복원력으로 용어 통일.
- **RPO**(Rendezvous and Proximity Operations) – 랑데부 및 근접기동: 위성 긴 또는 위성과 우주선 간의 접근, 도킹 기술.

- **SLS** (Space Launch System) – 우주발사체제.
- **SSA** (Space Situational Awareness) – 우주상황인식: 우주환경과 객체(위성, 파편 등)의 위치와 궤도를 실시간으로 파악하는 능력.
- **STM** (Space Traffic Management) – 우주교통관리: 우주 객체 간 충돌을 방지하기 위한 국제적 관리 체계.
- **STS** (Space Transportation System) – 우주수송체계: 우주왕복선을 포함한 인간/화물 우주 수송 시스템.
- **SATCOM** (Satellite Communications) – 위성통신: 통신 인프라의 핵심으로, 상업·국방·방송용으로 활용.
- **Space Debris** – 우주파편: 인공위성의 잔해, 로켓 부품 등 우주활동 중 생긴 비작동 물체로, 다른 위성이나 탐사선과 충돌할 위험이 있는 주요 위협 요소. 통상 우주 쓰레기라고 표현되지만 저자는 우주파편으로 용어 통일.
- **Space Economy** – 우주경제: 우주 기반 산업과 그 파생 효과를 포함한 경제 생태계.

- **TT&C** (Telemetry, Tracking and Command) – 원격계측, 추적, 제어: 위성과의 데이터 교신, 궤도 제어 등 핵심 운영 기능.

- **UAV** (Unmanned Aerial Vehicle) – 무인항공기: 일부 우주 관련 지상-공중 연계 정보 수집 임무 수행.
- **UNOOSA** (UN Office for Outer Space Affairs) – 유엔 외기권사무국: 국제우주정책과 법률을 담당하는 기구.
- **Upstream** – 업스트림: 발사체 개발, 위성 설계·제작, 우주 인프라 구축 등 우주산업 기본 단계.
- **USSF** (United States Space Forces) – 미 우주군.

- **VLDI** (Very Long Baseline Interferometry) – 초장기선 간섭계: 우주 전파망원경 간 거리와 위치를 정밀 측정하는 천문관측 기법.

목차

머리말
우주 관련 용어 정의

I 우주시대 출발점

021　가. 우주시대 생각의 지도
- 021　1. 개인의 일상과 우주
- 027　2. 국가이익과 우주전략

035　나. 우주시대의 한국
- 035　1. 한국 우주 분야의 성장
- 042　2. 우주시대의 역사적 추론과 교훈

II 우주 발전 전략의 시대: 누가/어디서/무엇을/왜

051　가. 우주시대 행위자(Space Actor)
- 051　1. 우주시대의 진화
- 056　2. 뉴스페이스 시대 행위자들의 역할과 책임
- 062　3. 한국 사회의 전략적 우주사고 강화

085　나. 우주의 전략 환경
- 085　1. 혼잡한(congested) 우주환경
- 093　2. 다툼의(contested) 우주환경
- 101　3. 경쟁적인(competitive) 우주환경
- 107　4. 전통적 전략 환경과의 비교

115　다. 우주활동의 통합적 이해와 균형적 접근
- 115　1. 안보, 안전, 안정성, 지속성의 상호관계
- 123　2. 국내외 정치적 고려사항: 정치적 시각과 전략적 균형

III 우주 발전 전략 수립: 무엇을/무엇으로/어떻게

131 가. 전략의 목표·방법·수단 구상
- 131 1. 전략의 사전분석
- 145 2. 전략의 목표
- 153 3. 전략의 방법
- 164 4. 전략의 수단
- 173 5. 상호작용과 기대효과

183 나. 전략의 안정성 확보: 타당성 평가와 위험관리

IV 우주 발전 전략의 도전과제와 전망

193 가. 우선순위 과제 해결을 위한 노력

201 나. 뉴스페이스 영역의 협력과 발전

211 다. 우주의 정치화와 국제협력 규범

219 라. 우주 시장경제의 확대 발전

맺음말
미주

Ⅰ. 우주시대 출발점

"우리가 우주를 향해가는 이유는 저기에 우리의 더 나은 내일이 있기 때문이다"

버락 오바마 (미 44대 대통령)

가. 우주시대 생각의 지도

1. 개인의 일상과 우주

김우주 대리의 밴쿠버 출장 당일, 그는 깨달았다. 우주 시스템 하나만 어긋나도, 지상의 일상은 고요하게 무너질 수 있다는 사실을.

서울의 아침 6:30 – 7:15 — '우주의 시계'가 흔들릴 때

밴쿠버로 떠나는 출장일 아침, 스마트폰 알람은 울리지 않았다. 김 대리는 깜짝 놀라 눈을 뜨고 시간을 확인했지만, 벽시계와 휴대폰의 시간은 서로 달랐다. 단순한 알람 오작동이라 여겼지만, ATM 앞에서 그는 또 이상함을 느낀다. 모든 정보가 정상인데도 현금 인출이 거부된 것이다. 카드도 문제없었고 계좌도 정상이었다. 그 원인은 놀랍게도 '시간'이었다. 더 정확히 말하자면, GPS 기반의 시간 동기화 시스템의 오류였다.[1]

우리가 흔히 생각하는 GPS는 단순한 위치정보 시스템이 아니다. 미국 국방부가 운영하는 30기 이상의 위성은 초정밀 원자시계를 장착하고 지구 전역에 매우 정확한 시간 정보를 실은 신호를 전송한다. 이 신호는 GPS 수신기가 정확한 위치를 계산하는 데 필수적인 역할을 한다.[2] 오늘날 대부분의 스마트폰, 금융 시스템, 통신망, 인터넷 서버, 발전소 등은 GPS 시간 기준에 따라 동기화되어 작동한다. 서울 시내의 ATM이 직접 위성 신호를 수신하지 않더라도, 해당 ATM이 연결된 은행 서버가 기준으로 삼는 국가 표준시는 GPS 기반의 UTC(협정세계시)와 연동되어 있다. 하늘에서 시간의 기준이 잠시 흔들렸을 뿐인데, 김 대리의 알람은 울리지 않았고, 거래 시스템은 불일치한 시간 값으로 작동을 거부했다. 하늘에서 기준이 무너지면서, 지상의 일상이 조용히 멈춰 섰다.

오전 7:45 — 예보가 빗나간 하늘

공항으로 향하는 길, 갑자기 쏟아진 폭우에 김 대리는 마음이 분주하고 당황스러웠다. 전날 밤 예보는 분명히 '맑음'이었다. 하지만 오늘 아침, 뉴스 앱은 속보를 알린다. "기상위성 다운 발생".

기상위성은 단순히 지구 상공에서 사진을 찍는 도구가 아니다. 구름 형성, 해수면 온도, 대기 내 수증기 흐름 등 지상 관측만으로는 알 수 없는 데이터를 수집하여 기상청의 예보 모델에 입력한다. 위성자료 없이 만든 예보는 '추측'에 가깝다. 그리고 그 추측은 일상에 영향을 미친다.

오전 8:10 — 길을 잃은 내비게이션

인천공항으로 향하던 택시 안. 내비게이션은 반복해서 "경로를 재설정합니다" 경고음을 냈다. 운전기사는 기기를 껐다 켰다를 반복했지만, 문제는 사라지지 않았다. 결국 나중에 알려진 사실은, 북한이 서울·인천 지역을 대상으로 GPS 전파 교란(Jamming)을 시도하고 있었다는 것이다. 민간용 GPS 수신기는 군용에 비해 신호가 약하고 쉽게 교란당한다. 내비게이션은 단순한 길 안내기가 아니다. 실시간 교통 정보, 위치 추적, 도착 시간 예측까지 담당하는 복합적인 위치 기반 플랫폼이다. 그 기반이 흔들리는 순간, 우리는 방향감각을 잃는다.

오전 8:50 — 이착륙이 멈춘 하늘

공항 도착. 그러나 모든 항공편이 지연되고 있었다. 항공당국은 GPS 간섭 신호가 지속적으로 감지되었고, 항로 안전 확보를 위해 이착륙을 일시 중단했다고 발표했다. 현대 항공기는 활주로 위치 확인, 항로 유지, 접근 착륙 전 과정을 GNSS(위성항법 시스템)에 의존한다. 시계(視界)가 확보되어도, 우주 신호 없이는 뜨거나 내릴 수 없다. 하늘이 잠시 흔들리자, 땅의 문도 닫혔다.

오전 10:30 — 고도 10km에서의 고립

지연 이륙한 비행기 안. 김 대리는 노트북을 열어 캐나다 현지 파트너에게 브리핑 파일을 보내려 했지만 기내 Wi-Fi 연결이 되지 않았다. 해당 항공사의 Wi-Fi 시스템은 정지궤도(고도 약 36,000km)의 통신위성을 통해 인터넷을 연결하는 방식이다. 해당 위성 중 하나에 장애가 발생했고, 데이터 송수신이 중단됐다. 정보의 고립은 업무의 마비로 연결된다.

오후 1:20 — 하늘 위의 충돌 위험

기장은 안내 방송을 했다. "우주물체 접근으로 인해 항로를 조정합니다". 이륙 후 수 시간이 지나지 않아, 우주 객체와의 충돌 가능성이 실제로 발생한 것이다. 이는 흔한 일이 아니지만 그렇다고 드문 일도 아니다. 현재 지구 저궤도에는 수천 개의 인공위성, 우주파편, 폐기된 로켓 부품, 자연 유성체가 떠다닌다. 하루 평균 50개 이상의 유성체가 대기권에 진입하며,[3] 일부는 지표면에 도달한다. 미국 우주감시네트워크(SSN), 유럽우주감시(EUSST), 민간 기관(LeoLabs 등)이 이를 추적하지만, 불확실성은 늘 존재한다. 우주는 더 이상 텅 빈 공간이 아니다. 그것은 고속도로보다 더 복잡한 충돌 위험 지대다.

밴쿠버 공항 오후 3:10 ― 소통의 단절

밴쿠버에 도착한 김 대리. 호텔 셔틀에 전화를 걸기 위해 휴대폰을 꺼냈지만, 작동하지 않았다. 뉴스 앱에는 속보가 떠 있었다. 태양 폭풍(Solar Storm)이 지구에 도달했고, 위성통신 및 GPS 시스템에 영향을 주고 있다는 내용이었다. 이번 태양 폭풍은 코로나 질량 방출(CME)에 의한 것이며, 방출된 고속 플라스마가 지구 자기권에 충돌하여 지자기 폭풍(magnetic storm)을 일으켰다.[4] 이로 인해 위성 전파에 간섭이 발생했고, 휴대폰의 고주파 통신도 영향을 받았다. 밴쿠버 하늘 아래서도 우주는 흔들릴 수 있다.

오후 4:30 ― 위성 뉴스, 그러나 깜빡이는 화면

호텔에서 CNN 뉴스를 보던 중, 화면은 갑자기 깜빡였다. "NASA, 국제 달 궤도정거장 오디세이-5 임무 귀환 지연 발표". 우주 임무에도 문제가 발생하였지만, 뉴스를 전달하는 데도 문제가 발생한 것이다. 오늘날 TV 뉴스, 영상 회의, 국제 방송 대부분은 방송용 통신위성을 통해 실시간으로 송출된다. 태양 활동이 활발한 날, 이 신호는 간섭되거나 차단될 수 있다. 게다가 뉴스의 내용은 또 하나의 사실을 알려준다. 우주선은 자율운용 능력을 갖추고 있지만, 궤도 변경, 연료 배분, 생명 유지 설정 등의 중요한 결정은 여전히 지상의 통제센터와 함께 협력해야 한다. 연결이 끊기면 인간은 미지의 환경 속에서 스스로를 유지하기 어렵다.

오후 5:20 — 마지막 정전

지친 몸을 달래려 커피포트를 켰지만, 전원이 들어오지 않았다. 정전 사태 발생. 그 원인은 다시 우주였다. 태양에서 방출된 플라스마가 유도전류(GIC)를 발생시켜 고압 송전선 보호 장치를 작동시켰고, 전력망 일부가 자동 차단되었다.[5] 우주는 에너지의 원천일 뿐 아니라, 전력 시스템의 취약점이기도 하다.

그날의 깨달음: 우주는 더 이상 저 먼 공간이 아니다

김 대리는 그저 하루 동안 연결이 끊긴 우주를 지나왔을 뿐이다. 그런데 그 여파는 그의 시간, 편의, 업무에 직접적인 영향을 주었다. 우주 시스템 하나의 불안정은 개인의 일상을 무너뜨릴 수 있다. 그렇다면, 개인보다 훨씬 더 복잡한 시스템을 가진 국가에는 어떤 영향을 줄 수 있을까?

2. 국가이익과 우주전략

우리의 일상은 이미 위성과 우주 인프라에 깊이 의존하고 있다. 또한 국가의 금융 시스템, 항법체계, 기상예보 등도 위성 기반 통신과 밀접한 연관이 있다. 따라서 우주는 국가의 생존과 번영 그리고 영향력의 지속에 있어 핵심이 되는 전략적 환경이며, 국가의 이익에 막대한 영향을 미치는 공간이라고 생각해 볼 수 있다.

이런 시대에는 우리는 먼저 무엇을 '국가이익'이라 부를 것인가를 정립해야 할 필요가 있다. 전통적으로 국가이익은 국가의 정체성과 주권에서 출발해 왔다. 특히, 한국은 민족 정체성과 분단이라는 특수한 조건 속에서 이러한 가치가 안보·외교·경제 정책에 중요하게 반영되어 왔다. 그러나 오늘날의 국가이익은 과거보다 훨씬 더 복잡하고 유동적인 개념이 되었다. 글로벌화와 기술 혁신, 상호의존성의 확대는 국가이익을 고정된 것이 아니라 변화 가능한 개념으로 유도했다.

국제정치 이론은 이러한 국가이익을 다양한 관점에서 해석해 왔다. 현실주의는 국가를 생존에 필요한 권력투쟁의 행위자로 보며, 국가이익을 군사력과 자율성을 기반으로 한 '안보 중심의 권력 유지'로 이해한다. 대표 학자인 한스 모겐소(Hans Morgenthau)는 "국가이익은 권력의 관점에서 정의되며, 그 본질은 변하지 않는다"[6]고 주장했다.

자유주의는 상호의존과 제도적 협력, 경제적 상생을 강조하며, 국가이익을 무역과 경제 번영, 제도 참여를 통한 공동 이익의 확대로 본다. 로버트 키오한(Robert Keohane)과 조지프 나이(Joseph Nye)는 상호의존 속에서 규칙과 제도를 설계하고 활용하는 능력이 국가이익[7]이라고 설명했다.

구성주의는 국가이익이 정체성과 담론의 상호작용 속에서 구성된다고 보며, 국가이익은 고정된 것이 아니라 '사회적 인식과 정체성의 변화에 따라 형성되는 유동적 가치'라고 본다. 대표 학자인 알렉산더 웬트(Alexander Wendt)는 "국가는 친구일 수도, 적일 수도 있으며 그것은 우리가 그렇게 인식할 때 그렇다"고 하며 국가 간 관계 자체가 이익의 본질을 바꾼다[8]고 주장했다. 한국 사회의 민주화 과정에서 구성주의 가치가 민족의 개념과 함께 부각되기도 하였다.

이러한 관점들은 각각 전략적 사고의 출발점이 되며, 독자 스스로가 그동안 어떤 렌즈를 통해 세계와 한국 사회를 바라보아 왔는지를 되돌아보게 한다.

앞에서 언급한 학파들의 이론적 차이는 존재하지만, 현실에서 국가들은 학파들의 중요가치를 포괄적으로 수용하여 다음과 같이 핵심 이익을 정의한다. 첫째, 국가와 국민의 생존과 안전을 위한 안보(Security), 둘째, 산업 성장과 기술 경쟁력, 무역 이익을 포함한 경제적 번영(Economic Prosperity), 셋째, 국제사회에서 유리한 위치를 확보하고 규범을 주도하는 전략적 영향력(Strategic Influence)이 그것이다. 이 세 가지는 우주를 포함한 모든 전략 환경에서 국가가 지켜야 할 이익의 축으로 이해할 수 있으며, 저자는 이러한 국가이익을 이 책에서 대부분 논리적 구조의 근간으로 활용한다.

이러한 국가이익을 실현하고 보호하는 수단이 바로 전략이다. 전략은 단순한 실행 계획이 아니다. 그것은 정책이 설정한 비전을 구체화하고, 복잡한 환경 속에서 그것을 현실로 구현하는 사고의 틀이다.

이때의 국가정책은 단편적 대응이 아니라, 국가목표를 달성하기 위해 취해지는 지속적이며 총체적인 행동지침으로 정의될 수 있다. 패들포드(N. Padelford)는 이를 통해 국가정책이 전략보다 상위 개념으로서 국가의 장기적 비전과 핵심 이익을 관통하는 지속 가능한 방향성임을 강조하였다.

다시 말해, 전략은 이러한 정책적 방향성을 구체화하고 실행 가능한 현실로 전환하도록 돕는다. 콜린 그레이는 전략을 "정책과 전술을 잇는 다리"라고 하며, 전략이 정책의 방향성과 전술적 수단을 연결해 주는 구조적 사고임을 강조했다.[9] 엘리가 사데(Elighar Sadeh)도 전략은 기술, 경제, 산업, 국제질서 등이 교차하는 복합 정책 환경에서 실질적인 효과를 창출하는 설계이자 실행 방식이라고 설명한다.[10]

전략은 흔히 과학(Science)의 엄밀성과 분석력을 요구하지만, 그 본질은 오히려 '술(術, Art)'에 가깝다. 여기서 말하는 '술'은 단순한 기술이나 요령이 아니라, 목표를 내포한 실행의 사고다. 불확실한 조건 속에서 '무엇을 선택하고, 어떻게 배치할 것인가'를 창의적이고 통합적으로 사고하는 실천적 지혜이자 예술적 판단인 것이다. 마치 바둑의 한 수가 전체 판세를 뒤바꾸듯, 전략의 판단 한 줄기는 국가의 미래 방향성을 근본적으로 바꿀 수 있다. 그러므로 전략은 '무엇을 하느냐' 못지않게, '어떻게 사고하고 구성하느냐'가 중요한 예술인 것이다.

이러한 전략은 효율성(Efficiency)보다 효과성(Effectiveness)을 중시한다. 효율성은 정해진 자원으로 얼마나 낭비 없이 움직이는가를 따지는 기준이지만, 전략은 '올바른 방향' 자체를 설계하는 작업이다. 전략에서의 효과성은 국가이익을 가장 잘 실현할 수 있는 방식인가에 대한 질문이며, 그것이 때론 비효율적인 방식일지라도 효과적이라면 선택할 수 있어야 한다.

이 지점에서 많은 사람들이 흔히 전략(Strategy)과 기획(Planning)을 혼동한다. 기획은 현재 주어진 자원과 시간 안에서 어떻게 실행할

지를 구체화하는 관리 중심의 과정이다. 예산, 일정, 조직, 절차를 조정하여 실행력을 높이는 데 초점이 맞춰져 있다. 반면, 전략은 그 실행이 옳은 방향인가, 즉 지금의 여건을 넘어 국가이익을 극대화할 수 있는 설계인가를 묻는 사고다. 기획은 일정과 자원을 조정하는 '내부 최적화'의 작업이라면, 전략은 불확실한 환경을 외부까지 포함하여 변화시키려는 '방향 설정과 조건 형성의 사고'다. 기획은 효율을 추구하고, 전략은 효과를 추구한다.

　따라서 전략은 때로는 불편하고 예측 불가능한 결과를 감수하면서도, 더 높은 차원의 이익을 실현하기 위해 위험을 받아들이는 용기 있는 선택을 전제로 한다. 전략과 기획을 구분하지 못하면, 아무리 잘 실행된 계획도 잘못된 방향으로 흘러갈 수 있으며, 변화에 적응하지 못하는 정체된 조직이 만들어질 수 있다. 그래서 전략은 기획보다 우선이며, 기획은 전략을 뒷받침하는 하위 도구여야 한다.

　전략은 현재만을 바라보지 않는다. 전략은 과거를 되짚고, 현재를 직시하며, 미래를 설계하는 사고의 연속선상에 있다. 따라서 전략은 한 시점에 집중하여 대응하는 방식이 아니라, 시간의 흐름을 포괄적으로 고려하는 사고 체계라고 볼 수 있다.

　한편, 전략은 국가만이 수립하는 것이 아니다. 물론 너무 작은 집단에서는 가용자원과 규모의 제한이 존재하지만, 안보를 담당하는 군의 경우 특정 군 전체 또는 작전사령부 단위에서도 국가 전략을 지원하고 자체적인 전략을 구성할 수 있는 수준의 사고와 실천이 가능하다. 특히 우주라는 새로운 환경에서는 군 차원의 전략적 파단과 설계가 더욱 중요해질 수 있다.

　한국 사회에서 전략 개념은 아직 충분히 성숙하지 못한 면이 있다. 손자병법이나 삼국지에 나타난 '전략(戰略)'은 종종 계책이나 권모술수로 이해되며, 이는 매스미디어나 게임 등을 통해 반복 소비되어 왔다.11) 현대에 들어서는 기업의 경영 전략이 전략 개념을 실행 효율 중심으로 재구성해 전략의 철학과 구조적 깊이를 축소시켰고, 군 내부에서도 전술 중심의 사고가 지배하면서 전략은 현실을 정확히 반영하지 못하는 이상적 개념으로 여겨지기 쉽다. 또한 한미동맹은 분명히 안보 안정성과 연합작전의 강점을 제공했지만, 자주적 전략문화의 형성에는 제약 요인으로 작용해 온 측면도 있다. 전략의 주요 결정이 동맹 내 구조를 따라 조정될 때, 한국은 전략을 수립하기보다는 동맹의 합의를 수용하는 입장에 머무르는 것이 통상적이었다.

　그러나 우주는 다르다. 우주는 아직 그 누구도 완전히 규정하지 않은 전략의 미개척지이며, 뉴스페이스 시대는 기술을 넘어서 규범과 구조를 설계할 수 있는 기회의 장이다. 이 시대에 한국은 더 이상 수동적 수용자가 아니라, 우주환경을 능동적으로 설계하고 주도할 수 있는 전략 행위자가 되어야 한다. 우주전략을 선택으로 남겨서는 안 된다. 그것은 국가가 미래를 향해 어떤 존재로 살아남을 것인가를 묻는 사고의 틀이자 설계의 용기다. 우주전략은 그 사고의 가장 넓은 지평이며, 국가이익을 설계하고 실현하는 가장 진화된 형태의 전략적 사고다.

나. 우주시대의 한국

1. 한국 우주 분야의 성장

대한민국의 우주개발은 1980년대 후반에 비로소 본격적으로 시작되었다. 미국, 러시아 등 주요 우주 강국들이 1950년대부터 우주개발에 착수했던 것과 비교하면 다소 늦은 출발이지만, 그 짧은 시간 안에 이룩한 기술적 성취와 제도적 정비, 전략적 전환은 주목할 만하다.

1986년 천문우주과학연구소(現 한국천문연구원)의 설립과 1989년 한국항공우주연구원(KARI)의 출범은 국가 주도의 우주개발 체계를 여는 신호탄이었다. 1992년에는 KAIST 위성연구센터가 주도하고 영국 서리대학교와 협력하여 한국 최초의 과학기술 위성 '우리별 1호'를 발사함으로써, 한국은 자국 위성을 보유한 국가로서 첫발을 내딛게 되었다.

1999년에는 실용급 위성인 '아리랑 1호'를 성공적으로 발사하며 영상정보 수집 능력을 확보했고, KSR 시리즈(한국형 과학로켓) 개발을 통해 발사체 분야의 기술적 토대를 다졌다. 이후 2013년, 러시아 협력으로 개발된 나로호가 세 번째 도전 끝에 발사에 성공하였고, 마침내 2022년에는 순수 국내 기술로 개발된 누리호(KSLV-Ⅱ)가 실용위성을 궤도에 올리는 데 성공하며, 자력 발사국의 위상을 확립하였다. 같은 해, 한국은 미국의 민간 발사체(스페이스X)를 통해 한국 최초의 달 궤도선인 '다누리(KPLO)'를 쏘아 올렸다. 다누리는 NASA와의 협력을 통해 과학탐사 장비인 ShadowCam을 탑재하고, 달 궤도 진입 후 다양한 탐사 임무를 수행함으로써 한국이 심우주(Deep Space) 탐사 역량을 보유한 국가로 자리매김하는 계기가 되었다.[12]

이러한 기술적 성취는 전략과 제도의 뒷받침 없이는 불가능했을 것이다. 2005년 제정된 「우주개발진흥법」은 한국 우주개발의 법적 틀을 정립한 전환점이었다. 이후 국가우주위원회를 중심으로 우주정책을 조정해 왔으며, 2022년 법 개정을 통해 이 위원회는 대통령 직속 기구로 격상되었다. 이에 따라 범정부 차원의 정책 일관성과 통합 조정력이 크게 향상되었으며, 실질적인 전략 수립이 가능해졌다. 더불어 윤석열 정부는 NASA를 모델로 한 '한국우주항공청(KASA)'을 2024년 설립하였다. 이 기구는 과학기술정보통신부 소속의 독립적 전담기구로, 향후 우주개발 계획의 실행력과 전략적 일관성을 보장할 핵심 축이 될 것으로 전망된다.

예산 측면에서도 정부의 우주개발 투자는 꾸준히 확대되고 있다. 2024년 기준 우주개발 관련 예산은 약 9,923억 원에 달하며[13], 위성 개발, 발사체 기술, 우주산업 기반 조성, 우주과학탐사 등에 고르게 분배되었다. 특히, 민간 중심 우주산업 생태계를 조성하기 위한 정책적 의지가 강화되면서, 관련 스타트업 및 중소기업 지원도 본격화되고 있다.

<도표 1-1> 한국의 우주예산 편성추이
출처: 과학기술정보통신부

전략적 관점에서 볼 때, 한국은 1996년 수립된 「우주개발 중장기 기본계획」을 기점으로 체계적인 전략 수립을 시작했다. 이후 「우주개발진흥기본계획」이라는 이름으로 네 차례에 걸쳐 전략이 수립되었으며, 시대별 목표에 따라 크게 세 시기로 구분할 수 있다.

첫 번째 시기(1996~2010)는 기초 기술 확보와 기반 조성에 초점을 맞춘 시기로, '우리별'과 '아리랑' 위성 개발, KSR 로켓 및 나로호 기반 기술 확보가 주요 과제였다.

두 번째 시기(2010~2021)는 실용화와 기술 자립이 중심이 되었으며,

천리안 정지궤도 위성, 고해상도 영상위성, 누리호 개발 등이 이뤄졌다. 이 시기에 위성영상의 민간 활용, 과학위성 개발, 달 탐사 준비 등이 본격화되었다.

세 번째 시기(2023~2045)는 「제4차 우주개발진흥기본계획」을 기반으로 하며, "2045년 우주경제 강국 실현"을 국가 비전으로 명확히 제시하고 있다.[14] 계획에는 다섯 가지 전략 축(① 우주탐사 확대, ② 우주운송체계 정비, ③ 우주산업 생태계 조성, ④ 우주안보 역량 강화, ⑤ 우주과학 선도)을 선정하였으며, 우주를 과학기술의 영역을 넘어 경제성장과 국가안보의 핵심 전략 공간으로 인식하는 전환점이 되었다.

최근 한국의 우주개발은 정부 주도의 구조에서 벗어나, 민간 기업이 중심이 되는 우주 생태계로 점진적으로 전환되고 있다. 정부는 2023년부터 우주산업 클러스터 조성, 민간 큐브위성 개발, 위성 부품 국산화 지원, 발사 서비스 산업 활성화 등에 예산을 집중 배분하고 있으며, 이를 통해 '우주 스타트업 시대'를 여는 기반을 마련하고 있다.

한화에어로스페이스는 누리호 개발에 참여하며 발사체 사업에서 핵심적인 역할을 하고 있으며, 2024년에는 '스페이스허브'를 통해 독자적인 소형 위성 발사체 개발도 본격화하고 있다. 이와 함께 인공위성 영상 데이터를 활용한 SI Imaging Services, 큐브위성 제작을 선도하는 나라스페이스, 민간 우주항법기술을 보유한 인스페이스 등 다양한 기업들이 등장하고 있다.

정부는 이러한 민간의 활력을 제도적으로 뒷받침하기 위해 '우주산업진흥법' 제정, 기술 인증 제도 정비, 우주보험 시장 기반 조성 등 정책적 기반 마련도 병행하고 있다. 이처럼 상업 분야는 이제 단순한 수혜자가 아니라, 우주경제를 실현하는 주체로 자리 잡아가고 있으며, 한국 우주전략의 새로운 동력으로 부상하고 있다.

한편, 우주 공간은 이제 군사안보의 중요한 전장으로 간주된다. 특히 러시아–우크라이나 전쟁에서 상업용 위성이 전장의 주요 자산으로 활용되면서, 우주는 실질적인 제5의 전장으로 주목받고 있다. 한국 역시 북한의 핵·미사일 위협에 대응하기 위해 독자적 정찰·감시·통신 능력 확보를 목표로 국방 우주전력을 본격 추진하고 있다.

국방부는 2022년 발표한 「우주력 발전 로드맵(2023~2045)」을 통해 세 단계 전략을 제시하였다. ① 2025년까지 정찰·조기경보 능력 확보, ② 2030년까지 우주작전 체계 완비, ③ 2045년까지 전략적 우주전력과 민군 통합체계 완성을 목표로 한다. 실제로 2023년 12월에는 한국 최초의 군 정찰위성 1호가 발사된 이후 2025년 5월까지 4호기가 발사되었으며, 마지막 5호기도 2025년 말에는 발사될 예정이다.[15] 국방과학연구소는 국방우주기술센터를 설립하고, 우주작전 지휘체계와 기술연구를 병행 중이다.

국제협력도 한국 우주전략의 중요한 한 축이다. 2016년 체결된 한미 우주협력협정은 양국 간 기술·과학 분야의 전략적 동맹을 강화하였고, 2021년에는 미국 주도의 달 탐사 협력체인 아르테미스 협정에 가입함으로써 글로벌 우주탐사 네트워크에 본격적으로 진입하였다. 다누리호에 NASA의 장비를 탑재한 것은 단순한 기술 공유를 넘어, 공동 임무 수행의 새로운 단계로 나아간 사례이다.[16]

더 나아가, 한국은 호주, UAE, 룩셈부르크 등 신흥 우주국들과도 전략적 협력을 확대하고 있으며, ESA, OECD 우주포럼, UN COPUOS 등 다자기구를 통해 국제규범 형성에도 참여하는 능동적 행위자로 도약하고 있다. 최근에는 ODA를 활용한 우주기술 이전, 우주외교와 산업수출 연계 전략 등도 추진 중이다.

이처럼 한국의 우주개발은 단순한 기술 습득이나 정책 실행을 넘어, 전략적 통합체계로 진화하고 있다. 기술적 발전, 제도 정비, 전략 설정, 군사안보 대응, 국제협력 확대, 민간 산업 활성화가 유기적으로 결합되며, 한국은 지금 우주를 향한 국가 전략을 새롭게 정의하고 있는 중이다.

그 흐름 속에서 한국 우주력에 대한 국제사회의 평가도 점차 구체화되고 있다. NASA는 다누리 임무를 "심우주 탐사 파트너십의 출발점"으로 평가했고,[17] 미국 우주군은 2023년 우주안보회의에서 한국의 정찰 및 항법 능력 증강을 "동맹 안정성에 기여하는 구조적 전환"으로 언급했다.[18] 유럽우주국(ESA) 역시 한국을 "자체 발사 능력과 위성 개발을 모두 갖춘 중견 우주 강국"으로 분류하며, 공동 연구 및 탐사 협력을 제안하고 있다.[19]

이러한 평가는 한국이 단순한 기술 후발국이 아니라, 전략적 설계와 실행 역량을 갖춘 '우주전략 행위자'로 자리매김하고 있음을 방증한다. 미래의 한국 우주는, 더 이상 '따라가는 개발'이 아니라 '주도하는 전략 공간'이 되어야 하며, 그것은 국가경쟁력의 핵심 요소로 작동하게 될 것이다.

2. 우주시대의 역사적 추론과 교훈

우주시대의 한국에게 주는 전략적 함의를 파악하기 위해서는 과거 인류가 새로운 공간을 어떻게 인식하고, 기술과 권력을 통해 어떻게 대응했는지를 살펴보는 일이 중요하다. 특히 신세계 개척, 해양력과 항공력의 성장, 그리고 남극에 대한 국제적 협력의 세 가지 역사적 사례는 오늘날 뉴스페이스 시대의 본질을 꿰뚫는 중요한 유비적(Analogical) 교훈을 제공한다. 이는 단순한 역사적 유사성을 넘어, 우리가 미래를 준비하는 전략적 사고 틀을 정립하는 데 실질적인 통찰을 제공한다.

독점과 개방: 신세계 개척과 정보의 확산

15~16세기 스페인과 포르투갈은 신세계 탐험을 통해 새로운 항로와 자원을 확보했으며, 국익을 위해 항해기술과 해도, 탐험 결과를 철저히 비밀로 관리하고자 했다. 그러나 이러한 배타적 독점은 프랑스, 영국, 네덜란드와 같은 주변국들의 도전에 의해 점차 무너

지게 된다. 이러한 사실의 연장선에서 포르투갈이 일본과의 최초 교류를 통해 독점적 지위를 누렸으나, 이후 네덜란드와 영국에 그 지위를 내주었던 사실은 기술과 정보는 독점될 수 없으며 궁극적으로 확산된다는 역사적 법칙을 잘 보여주었다.

이 과정에서 일본은 조총과 가톨릭을 전략적으로 수용하며 새로운 동북아 중심의 질서를 꿈꾸게 되었고, 도요토미 히데요시는 조선을 침략하는 데까지 이른다. 반면 조선은 이에 대한 전략적 경계와 기술적 대응이 부족했고, 신세계에 대한 인식 전환에도 실패하였다. 일본이 인식의 전환을 통해 스스로가 새로운 중심이 될 수 있다는 상상을 시작했을 때, 조선은 기존의 중화세계관(中華世界觀)에 고착되어 새로운 세계는 꿈조차 꾸지 못했다.

이러한 역사적 흐름은 우주시대에도 그대로 반복된다. 초기 우주는 미국과 소련에 의해 양분되며 마치 스페인과 포르투갈의 독점처럼 시작되었지만, 기술의 발전과 민간의 참여로 인해 우주는 필연적으로 개방되었고, 다양한 국가들이 진입하는 다극화 구조로 전환되었다. 기술과 정보, 이익은 결코 장기간 독점될 수 없다. 여기에 전략적으로 참여하지 않으면 뒤처지게 된다. 대한민국이 우주라는 새로운 전략적 공간에 대해 기존의 관성적 사고에 머문다면, 과거 조선처럼 '기회가 눈앞에 있어도 스스로는 꿈꾸지 못하는 상황'에 직면할 수 있다. 지금은 관망이 아니라, 전략적 사고 전환과 체계적 준비가 필요한 시점이다.

이익 극대화 vs 협력: 해양력과 항공력의 역사

해양력이 세계사에 결정적 영향을 미친 대표적 사례는 19세기 대영제국과 20세기 미국의 경우이다. 해군력은 단지 군사적 우위가 아니라, 상업과 식민지 개척, 전략적 투사의 기반이었다. 마한(Alfred Mahan)의 해양 전략론은 미국 해군력 강화의 사상적 기반이 되었고, 이는 단순한 군사 시위가 아니라 무역과 외교, 제국적 영향력을 동시에 투사하려는 전략적 구상으로 이어졌다. 대표적으로 1907년의 '위대한 백색 함대(Great White Fleet)' 순항은[20] 미 해군의 글로벌 존재감을 과시하며, 해양력과 국가정책의 결합을 상징적으로 보여주었다.

항공력은 제1·2차 세계대전과 냉전을 거치며 미국의 전략적 영향력을 세계로 확장시키는 수단이 되었고, 이는 곧바로 핵 억지력 확보와 글로벌 군수공급망 관리로 연결되었다. 이 시기 항공력은 군사력과 경제력이 결합된 상징이었으며, 항공산업 자체가 미국 경제의 성장 동력으로 작용하였다. 이 시기는 일반적으로 '미국 항공산업의 골든 에이지(Golden Age)'로 불리며, 1920~1930년대 연평균 15% 이상의 산업 성장률을 기록하며 국가 경제를 견인했다는 분석도 있다.[21] 하지만 이러한 항공력의 확장은 곧바로 우주로 이어지지 못했다. 우주기술의 물리적 한계뿐 아니라, 미·소 간 충돌을 피하려는 냉전 시기의 전략적 억제 체제가 우주의 적극적 활용을 제한한 구조적 원인이 있었다.

그러나 오늘날의 뉴스페이스 시대는 근본적으로 다르다. 기술의 발전과 상업자본의 결합으로 인해 민간이 주도하는 우주 경쟁이 본격화되었고, 우주는 해양과 항공에 이어 새로운 전략 공간으로 부상하고 있다. SpaceX와 같은 민간 기업은 기존 국가우주기관을 능가하는 실행력을 보이며, 전략과 산업의 경계를 허물고 있다. SpaceX는 미국 우주군의 위성 발사 계약을 독점적으로 수주하거나, NASA의 달 탐사선 개발을 담당하는 등 국가우주정책의 주요 파트너로 부상하였다.[22]

이러한 흐름 속에서 한국의 상황은 양면적이다. 현재 한국은 방위산업, 특히 전차와 항공기 분야에서 세계적인 경쟁력을 확보하며 과거 미국의 '골든 에이지'를 재현하는 듯하다. 그러나 바로 그 성공이 우주산업으로의 전략적 전환을 지연시키는 요인으로 작용할 가능성이 있다. 올드스페이스 시기의 제한적 성장 방식(국가 수주 중심)에 너무 의존하거나 현재의 방산 안정성에 안주한다면, 미래 우주 주도권에서 뒤처질 수 있다. 방위산업의 성과를 기반으로 우주 전략으로의 확장을 설계해야 하며, 이는 단순한 기술의 연속이 아니라 국가 전략 구조 자체를 재설계하는 일이다.

개발 vs 보호: 남극과 우주의 국제 거버넌스

남극은 20세기 중반까지 자원 확보를 위한 갈등의 공간이었으나, 1959년 남극조약 체결을 통해 평화와 협력의 공간으로 전환되었다. 이는 군사 활동 금지, 비핵화, 과학적 협력을 중심으로 12개국이 합의한 국제 거버넌스의 성과였다. 이러한 경험은 우주에도 영향을 미쳤다. 1967년 발효된 「우주조약(Outer Space Treaty)」은 남극 조약의 정신을 계승하여, 우주의 평화적 이용, 무기 배치 금지, 국가 간 협력과 과학 활동의 자유를 명시하였다. 그러나 오늘날 기술 발전, 민간 기업의 부상, 국가 간 경쟁의 심화는 기존 우주조약의 실효성에 의문을 제기하고 있다.

예를 들어, 조약에는 자원 소유권 문제에 대한 명확한 규정이 없으며, 소행성 채굴이나 달 자원 개발을 시도하는 민간 기업의 활동에는 법적 공백이 존재한다. 또한 조약은 강제력이 없기에 위반 시 제재 수단이 부족하다는 비판도 있다.[23] 따라서 기존 조약의 정신을 계승하되, 새로운 기술 환경과 전략 상황에 대응하는 차세대 국제규범이 필요하다. 우주는 단지 과학기술의 경쟁장이 아니라 국제질서의 축소판으로 기능할 것이며, 대한민국은 단순히 기술 확보를 넘어서 규범 형성과 자원 접근의 공정성, 환경 보호 등 글로벌 가치에 기여할 수 있어야 한다. 이런 측면에서 한국의 윤리적 리더십은 전략적 영향력을 확보하는 현실적 수단이 될 수 있다.

다만, 기술이 급진적으로 진보하고 우주에서의 경제적 이익이 현실화될 경우, 보호지대였던 우주 공간 역시 현실정치의 논리 앞에 흔들릴 수 있음도 인식해야 한다. 이익 경쟁에서 뒤처지게 되면 단순한 협력만으로는 충분하지 않으며, 실망은 협력 체제 자체에 대한 회의로 이어질 수 있다. 따라서 한국은 우주를 '보호해야 할 공공재'로 인식함과 동시에 '전략적으로 진입해야 할 공간'으로 바라보아야 하며, 그 균형을 설계하는 전략적 사고가 필요하다. 결국, 대한민국은 이미 기술과 자산을 확보하고 있다. 이제 필요한 것은 역사적 통찰을 실질적 전략으로 전환할 의지와 체계적 사고가 필요한 것이다. 우주는 단지 먼 미래의 대상이 아니라, 국가이익이 실시간으로 형성되고 경쟁이 벌어지는 '현재의 공간'이다. 지금 준비하지 않으면, 기회는 결코 우리를 기다려 주지 않는다.

II. 우주 발전 전략의 시대

: 누가,
어디서,
무엇을,
왜

"우주는 인류문명의 다음 무대이며
우리는 그 무대를 준비해야 한다"

스티븐 호킹(이론물리학자)

가. 우주시대 행위자(Space Actor)

1. 우주시대의 진화

우주의 활용은 처음부터 인류의 과학적 진보나 호기심에 의해서만 이루어진 것이 아니었다. 오히려 우주는 일찍이 국가 간 전략 경쟁과 기술 패권을 둘러싼 핵심 전장으로 활용되어 왔으며, 그 속에서 우주개발은 과학기술보다도 먼저 '전략적 우위' 확보를 위한 수단이었다. 이러한 우주시대는 단절 없이 이어져 온 하나의 흐름이라기보다는 기술력, 국제질서, 행위자 구성의 변화에 따라 명확히 구분되는 전략적 시기로 발전해 왔다. 다음은 그 변화를 네 가지 시기로 구분해 서술한 것이다.

① 개막기(1957년~1970년대 초) : 기술우위와 위상경쟁

우주경쟁의 본격적인 시작은 1957년, 소련이 인류 최초로 인공위성 '스푸트니크 1호'를 지구 궤도에 성공적으로 안착시키면서 시작되었다.[1] 미국 사회는 과학기술과 안보 면에서 충격을 받았고, 이를 '스푸트니크 쇼크'라 불렀다. 이 사건은 미국 정부가 소련과의 기술 격차를 극복하고 우주 주도권을 확보해야 한다는 위기의식을 불러일으켰으며, 그 대응으로 1958년 NASA(미국 항공우주국)가 설립되면서 본격적인 국가 주도의 우주개발이 시작되었다.[2] 소련은 1961년 유리 가가린을 보스토크 1호에 태워 세계 최초로 유인 우주비행을 성공시켰고, 이에 대응하여 미국은 케네디 대통령의 주도로 아폴로 프로그램을 추진하였다. 1969년 아폴로 11호의 달 착륙은 미국이 기술·전략 경쟁에서 우위를 점하는 결정적 사건이 되었다. 이 시기의 우주는 국가의 위신과 체제 우월성을 과시하는 '전략 공간'으로 인식되었으며, 미사일 기술 시험의 무대이기도 했다.[3] 또한 정찰위성과 조기경보체계가 등장하면서, 군사적 이용이 빠르게 확산되었다.

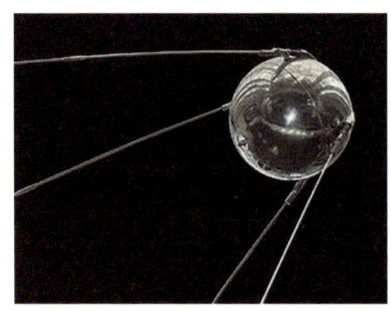 

〈그림 2-1〉 우주시대를 개막한 소련의 스푸트니크 위성과
미소 위상경쟁을 종식시킨 미국의 달착륙
출처: Space.com

② 강화기(1970년대~1991년): 안보전략과 협력의 교차

1970년대 이후, 미국과 소련은 고성능 정찰위성(KH-11, Zenit 등), 조기경보 시스템(DSP 시리즈 등), 통신위성 등을 개발함으로써 적의 움직임을 실시간으로 감시하고, 탄도미사일 발사를 조기에 탐지하며, 전장 상황을 우주 기반 통신으로 신속하게 전달하는 등 군사적 우주 활용 능력을 획기적으로 향상시켰다.[4] 동시에 이 시기는 외교적 긴장 완화, 즉 데탕트(Detente)의 흐름과 맞물리며, 상징적인 우주협력도 진행되었다. 대표적인 예가 1975년의 아폴로-소유스 공동 비행 프로젝트로,[5] 이는 미소 간 첫 유인 공동 우주비행이자 국제 우주협력의 전례로 평가된다.

같은 해 창설된 유럽우주국(ESA)은 미국-소련 양강 중심의 구조에서 전략적 자율성을 추구하려는 유럽의 의지가 반영된 결과였다. 그러나 1980년대 들어 미국의 전략방위구상(SDI)이 발표되면서 우주의 군사화가 추진되었고 다시 세계는 갈등의 국면으로 전환되었다.

③ 전환기(1991년~2000년대): 행위자의 다극화와 민간 기반 확대

1991년 소련의 해체는 우주환경에도 구조적인 전환을 불러왔다. 미국은 냉전기 우주 경쟁의 동력을 상실하면서 NASA의 예산을 축소했고, 일부 임무는 민간과의 협력 형태로 전환되었다. 이러한 변화 속에서 우주는 미국과 러시아 중심의 이원적 구조에서 벗어나,

점차 다양한 국가와 민간 주체들이 참여하는 다극화된 생태계로 변화하게 되었다.6)

특히 이 시기 중국은 '장정(長征)' 시리즈 발사체와 북두(北斗) 위성항법 시스템을 독자적으로 개발하고, 인도도 PSLV(Polar Satellite Launch Vehicle) 발사체와 지역 위성통신·정찰 체계를 기반으로 자력형 전략을 구축하며 우주 분야의 새로운 위상을 구축하였다.7)

한편 민간 영역에서는 Iridium과 Globalstar 같은 초기 저궤도 통신 기업들이 등장했으나, 당시의 기술적 한계와 수익 모델 미비로 인해 재정 위기를 겪었다.8) 그럼에도 이 시기는 정부 주도가 아닌 '시장 기반 우주산업'의 성장 가능성이 처음으로 제기된 전환점으로 평가된다.

④ 확산기(2000년대 후반~현재): 국가와 민간의 복합 경쟁

21세기에 들어 민간 주도의 기술 혁신이 우주전략의 새로운 흐름을 만들었다. 스페이스X는 2010년대부터 팰컨 9 발사체로 발사 비용을 획기적으로 낮추었으며, 2020년에는 민간 유인 우주선 크루 드래건이 NASA의 인증을 받고 ISS 도킹에 성공함으로써 민간 주도의 우주탐사 시대가 열렸다.9)

또한 미국은 2019년 우주군(Space Force)을 창설하며, 우주를 독립된 작전 영역으로 공식화하였다. 이에 대응하여 중국은 '우주굴기(宇宙崛起)' 전략을 본격 추진하며, 우주 분야에서의 자립과 패권 확보를 국가 전략 목표로 설정하였다. 이는 우주기술의 국산화, 독자 위성항법체계 구축, 심우주 탐사 능력 확보 등을 통해 미국 주도의 우주 질서에 대항할 수 있는 '종합 우주 강국'으로 도약하려는 구상이다. 대표적으로 중국은 베이더우(北斗) 위성항법 시스템을 완성하고, 창어(嫦娥)와 톈원(天問) 탐사선을 통해 달과 화성 탐사에 성공하면서 기술력과 독자 노선 추진력을 동시에 입증하였다.[10] 민간 분야에서는 초저궤도 위성 인터넷(Starlink), 우주 자원 개발, 우주교통관리(SSA/STM) 등 신산업이 급속히 확대되고 있으며, 국제규범과 거버넌스 문제 또한 새로운 이슈로 부상하고 있다.

2. 뉴스페이스 시대
   행위자들의 역할과 책임

21세기에 들어서면서 우주개발의 중심 무대는 근본적인 전환기를 맞이하고 있다. 과거 냉전기의 우주는 미국과 소련의 대립 구도 속에서 군사적·이념적 과시의 공간으로 활용되었으며, 그 주체는 거의 전적으로 국가와 그 하위 기관에 한정되어 있었다. 이러한 시대를 흔히 '올드스페이스(Old Space)'라고 부른다. 이 시기의 우주는 국가 중심, 중앙집권적, 고비용 구조의 특성을 보였으며, NASA, RKA(러시아 우주청), ESA와 같은 대형 기관들이 모든 전략과 실행을 주도했다.

그러나 2000년대 이후 우주환경은 완전히 다른 방향으로 진화하고 있다. 기술의 진보, 비용 절감 기술의 등장, 정부 재정의 한계, 그리고 민간의 과감한 도전이 결합되면서, 우주는 더 이상 '국가 독점의 공간'이 아닌, 다양한 행위자들이 함께 참여하는 개방된 전략 무대로 변화하고 있다. 우리는 이러한 흐름을 가리켜 '뉴스페이스(New Space)' 시대라고 부른다.[11] 뉴스페이스는 단지 민간 기업의 등장만을 뜻하는 것이 아니다. 이는 기술 개발, 자금 조달, 책임 구조, 정책 설계, 심지어 전략적 사고방식까지를 포함하는 총체적 패러다임의 전환이다. 한마디로 뉴스페이스란 기술과 정책의 진화뿐만 아니라, 우주를 바라보는 사고방식의 혁신이 동반된 전면적 변화라 할 수 있다.

뉴스페이스 시대의 행위자들: 누구이며, 어떤 역할을 하는가?

뉴스페이스 시대는 기존의 정부 중심에서 민간 주도와 다자 협력 중심으로 전환하면서, 우주를 산업화와 전략적 활용이 공존하는 복합 공간으로 변화시켰다. 이러한 변화 속에서 우주에 참여하는 행위자들의 역할도 역시 다각화되었다. 과거에는 정부와 공공기관이 주도하고, 민간은 하청 역할에 머무는 경우가 많았지만, 이제는 정부와 군사 분야, 공공기관뿐만 아니라 민간 기업까지도 전략 설계자, 조정자, 촉진자, 책임 주체로서 다양한 역할을 수행하고 있다.

그렇지만 일반적 이해를 위해서 뉴스페이스 시대의 우주 행위자들의 기능과 역할의 차이를 기준으로 정부, 군사 분야, 공공 및 연구기관, 민간 기업의 네 가지로 구분할 수 있다. 각 행위자는 우주 개발에 기여하는 방식이 다르며, 상호 협력과 조정을 통해 우주 행위의 새로운 구조를 만들어 가고 있다.

정부의 역할: 전략과 제도의 설계자

정부는 뉴스페이스 시대에도 여전히 국가 우주전략(strategy)을 수립하고, 제도적 틀(Institutional Framework)을 조정하며, 국제 협약(International Agreement)을 이행하는 중심 설계자 역할을 수행하고 있다. 그러나 과거와 달리, 정부의 역할은 단순한 전략 수립에 그치지 않고, 민간의 성장 촉진과 국제협력 강화로 확장되고 있다. 한국의 경우, 과학기술정보통신부를 중심으로 외교부, 국방부, 국회, 청와대 국가우주위원회 등이 전략 설계와 조율에 참여하며, 민간 우주산업을 활성화하기 위한 기술 이전과 재정 지원에도 힘쓰고 있다. 또한, 궤도·주파수 할당, 기술 수출 통제, 보험제도 마련, 발사 승인, 국제 등록 등 다양한 임무를 수행하면서, 국제 우주 규범 준수와 다자 협력 체계를 강화하여 우주개발의 안정성과 지속 가능성을 추구하고 있다.[12]

군사 분야: 안보전략 핵심 수행자

군사 분야는 우주 자산을 활용하여 국가 안보(security)의 중추 역할을 수행하며, 다양한 우주 작전을 통해 국가의 우주활동을 보호하는 데 중점을 둔다. 특히 위성 정찰, GPS 기반 작전, 우주감시체계(SSA), 사이버·전자전 대비 등은 군사 분야에서 필수적인 역할을 한다. 위성 정찰은 적의 움직임을 실시간으로 감시하며, GPS 기반 작전은 정밀한 위치 정보를 통해 군사 장비와 부대 운영을 지원한다. 또한, 우주감시체계는 위성 충돌 방지와 우주 물체 추적을 통해 우주 자산의 안전을 확보하며, 사이버·전자전 대비는 위성 해킹과 전자 교란에 대응하여 통신망 보호에 중점을 둔다. 미국은 2019년 우주군(US Space Force)을 별도 창설해 자산 보호와 우주전 대비에 나섰으며, 2024년 말에는 주일 미군 우주사령부를 요코다 기지에 창설하였다.[13] 한국도 2019년부터 우주부대 창설을 시작하여 현재 공군 산하 '우주작전전대' 중심으로 그 기능을 강화하고 있으며, 2030년 '우주작전사령부' 창설을 목표로 하고 있다.

공공 및 연구기관: 과학기술 및 우주탐험 실현자

한국항공우주연구원(KARI), 미항공우주국(NASA), 유럽우주국(ESA), 일본우주항공연구개발기구(JAXA) 등은 우주 기술 개발, 심우주 탐사, 위성 제작, 기초 연구 등을 담당하며, 우주 탐험의 과학적 기반을 마련하는 핵심 기관이다. 이들은 민간과 협력하거나 기술을 이전하여 산업화와 상업적 활용을 지원하며, 연구 성과가 정책이나 산업과 연계될 수 있도록 교량 역할을 수행한다. 특히, 임무(mission)의 성공과 안전(safety)을 최우선으로 하여 달 탐사와 화성 탐사 같은 심우주 탐험 프로젝트를 수행하며, 위험 요소를 사전에 분석하고 대비책을 마련하여 안정성을 확보하고 있다. 이러한 탐사 성과는 향후 유인 우주 비행과 행성 거주 기술 개발로 이어질 것으로 기대된다.

민간 기업: 혁신과 우주경제의 선도자

민간 기업은 뉴스페이스 시대의 실질적인 엔진이다. SpaceX, 블루오리진, 플래닛랩스, 한화에어로스페이스, 인스페이스, 나라스페이스 등은 위성 제작, 발사 서비스, 통신망 구축, 우주인터넷 등 다양한 분야에서 전략적 기능을 수행하고 있다. 특히 민간 기업은 우주 탐사와 상업화를 결합하여 우주 관광, 우주 자원 채굴, 위성 데이터 분석 같은 새로운 비즈니스 모델을 창출하며, 이를 통해 경제적 이윤(Economic Interests)을 추구한다. 이러한 경제 활동은 단순 이윤 창출을 넘어 우주 인프라 확충과 기술 혁신을 유도하여, 우주 행위의 지속성(sustainability)과 안정성(stability)을 확보하는 데 기여하고 있다. 이들은 정부의 하청을 넘어서 이제는 정부를 고객이자 파트너로 삼고,[14] 전략 목표를 공동 설계하며 혁신을 주도하고 있다.

국제적 우주행위자: 다자협력의 조정자들

앞에서 소개한 네 부류의 행위자는 대부분 우주개발 국가에 공통적으로 존재하는 주체들이다. 그러나 우주는 국경이 없는 공간이며, 본질적으로 공공재적 성격을 지닌다. 따라서 국제질서를 조정하고 공동 책임을 수행하는 국제적 우주행위자의 역할도 매우 중요하다. 국제적 우주행위자에는 UNOOSA(유엔우주업무국: 우주물체 등록협약, 외기권조약 등 국제우주법의 운영 주체), ITU(국제전기통신연합: 주파수 및 궤도 위치 배분), ESA(유럽우주국: 유럽 공동의 우주 연구·개발 및 발사체 운용), IADC(우주파편조정위원회: 파편 기준 정립, 충돌 방지 협력), 아르테미스 협정(미국 주도의 달 탐사 프로그램 참여국가들이 체결한 다자 협약으로, 새로운 규범 질서를 실험하고 있음) 등이 있다. 이처럼 국제적 행위자들은 각국의 행위자들이 충돌 없이 협력하며, 우주의 지속 가능성과 공공성을 유지할 수 있도록 조정하는 기능을 수행한다.

국제 우주개발에서 비정부기구(NGO)도 중요한 역할을 수행하고 있다. '안전한 세계 재단(SWF, Secure World Foundation)'은 우주의 평화적 이용(Peaceful Use)과 지속 가능성(sustainability)을 연구하며, '과학자 연합(UCS, Union of Concerned Scientists)'은 위성 데이터 공개와 환경보호를 중심으로 활동한다. 또한, '우주세대자문위원회(SGAC, Space Generation Advisory Council)'는 청년과 전문가 간 교류를 촉진하고, '행성협회(The Planetary Society)'는 우주 탐사 대중화와 과학 교육을 목표로 한다. 이들 기관은 우주 정책 및 과학 연구에 대한 대중 참여와 투명성을 높이며, 국제협력 논의에서 시민사회의 목소리를 반영하는 역할을 맡고 있다.

3. 한국 사회의 전략적 우주사고 강화

21세기를 살아가는 우리에게 '우주시대'는 더 이상 공상과학의 영역이 아니다. 우주는 인간의 삶과 기술, 국가 전략이 교차하는 현실의 공간이 되었으며, 이는 한국 사회가 마주하고 있는 새로운 문명 전환의 무대이기도 하다. 내비게이션, 위성통신, 기상 정보와 같은 우주 기반 기술은 이미 일상의 기반이 되었고, 민간 기업, 정부, 군대, 국제기구 등이 이 공간에 들어와 권력, 자원, 규범의 미래를 설계하는 중이다.

이러한 전환기에 한국 사회가 갖춰야 할 핵심 능력은 단순한 우주기술 습득이 아니라, 우주를 바라보는 전략적 사고 틀이다. 이는 우주라는 물리적 공간을 어떻게 인식하고, 그 안에서 어떤 행동이 정당하며, 미래를 향해 어떤 선택을 해야 하는지를 묻는 입체적이고 종합적인 인식의 능력이다.

전략적 사고는 더 이상 군사나 외교 영역의 전유물이 아니다. 우주라는 복잡한 공간에서, 우리가 주체적으로 판단하고 미래를 설계할 수 있는 능력이다. 이를 위해선 단편적인 기술의 수용을 넘어, 우주를 둘러싼 힘의 구조와 규범, 경쟁과 협력의 흐름을 읽어내는 시각이 필요하다. 다음 다섯 가지 접근방식은 한국 사회가 우주를 바라보는 시각과 운영 방식에 어떤 전략적 전환이 필요한지를 보여준다.

1) 시공간 인식의 전환:
전략은 우주의 본질을 묻는 데서 시작된다

우주전략은 '어디에 무엇을 배치할 것인가'라는 단순한 공간의 문제로 보일 수 있다. 하지만 전략의 진정한 출발점은, 우주라는 시공간이 어떻게 작동하는가에 대한 철학적·과학적 이해에서 비롯된다.

우리는 보통 시간을 과거에서 현재, 그리고 미래로 흐르는 선형적(Linear) 흐름으로 인식한다. 이는 고전 물리학의 관점에 기반한 사고로, 전략을 계획하고 실행하는 데 익숙한 프레임이기도 하다. 우리는 과거의 경험을 분석해 현재를 이해하고, 미래를 예측해 전략을 수립한다. 이런 선형적 사고의 장점은 인과성과 예측 가능성에 있다.

그러나 현대 우주전략에서 요구되는 사고는 훨씬 더 복잡하다. 우주라는 환경은 고전적 시공간 인식만으로 설명되지 않기 때문이다. 아인슈타인의 상대성 이론은 시간과 공간이 고정된 것이 아니라, 관찰자의 운동 상태나 중력 조건에 따라 상대적으로 작동한다는 점을 밝혀냈다.[15] 실제 지구를 도는 인공위성은 빠른 속도로 움직이기 때문에, 궤도상에서 흐르는 시간은 지상과 다르다. 이 차이를 보정하지 않으면 GPS 시스템에는 수십 미터의 오차가 발생하게 된다.[16] 마찬가지로 전략 환경에서도 '시간'은 절대적인 것이 아니라, 각자의 조건에 따라 다르게 작용할 수 있는 변수라는 사실을 깨달아야 한다.

뿐만 아니라, 질량이 클수록 시공간을 왜곡시킨다는 일반상대성이론은 공간이 단지 위치를 표시하는 좌표가 아니라, 전략이 펼쳐지는 조건 자체라는 사실을 보여준다.[17] 즉, 태양이 만든 시공간의 곡률 위를 지구가 공전하는 것처럼, 전략적 행동도 특정한 시공간 조건 위에서 가능해진다는 점을 인식하고 전략을 수립할 필요가 있다는 의미다.

〈그림 2-2〉 아인슈타인의 일반적 상대성이론은 질량에 의한 시공간의 왜곡을 증명
출처: NBC 뉴스 홈페이지

그리고 20세기 중반부터 등장한 양자역학(Quantum Mechanics)은 이보다 더 급진적인 사고의 전환을 가져왔다. 양자역학에 따르면 입자의 상태는 관측되기 전까지 확정되지 않고, 동시에 여러 상태에 있을 수 있다.[18] 즉, 우주 공간은 단지 '있는 곳'이 아니라, 가능성이 중첩되어 있는 열린 장(場)이며, 시간 또한 관측과 사건의 맥락 속에서 형성되는 상대적 개념이 된다.

이러한 물리학적 전환은 전략적 사고에도 중요한 시사점을 제공한다. 미래는 단 하나로 정해진 것이 아니라, 다양한 가능한 경로들이 확률적으로 펼쳐진 형태로 존재하며, 우리의 전략은 그중 하나의 가능성을 선택하고 실현해 나가는 과정이다. 다시 말해, 전략이란 고정된 계획이 아니라, 불확실한 환경 속에서 조건에 따라 유연하게 반응하며 시공간을 효과적으로 활용하는 기술이라 할 수 있다. 특히 이렇게 복잡하고 예측 불가능한 환경에서 주목받는 기술이 바로 양자컴퓨터이다. 기존 컴퓨터가 0과 1의 이진법으로 하나의 상태씩 계산하는 데 반해, 양자컴퓨터는 큐비트(Qubit)를 이용해 0과 1의 상태를 동시에 처리할 수 있어 병렬 연산이 가능하다. 이 덕분에 수많은 변수와 상호작용이 동시에 발생하는 복잡한 우주환경에서도 전략적 최적화와 신속한 의사결정이 가능해진다.[19] 더 나아가, 이러한 연산 능력은 발전된 우주 추진체 기술과 결합되어 '우주시간의 간극' 즉, 지구와 우주 간의 거리나 시간 지연에서 오는 시공간적 제약을 극복할 수 있는 잠재적인 수단이 될 것으로 기대한다.

우주가 어떻게 시작되었는지를 설명하는 가장 널리 알려진 이론은 '빅뱅(Big Bang)' 이론이다. 이는 약 138억 년 전, '특이점(Singularity)'이라 불리는 무한히 작고 밀도가 높은 한 점에서 시간과 공간이 동시에 시작되었고, 이후 지금까지 계속 팽창해 왔다[20]는 설명이다. 하지만 이 이론이 유일한 해석은 아니다. '다중우주(Multiverse)' 이론은 우리 우주 외에도 수많은 다른 우주들이 존재할 수 있다고 말하며, '순환우주론'은 우주가 팽창과 수축을 반복하며 영원히 되풀이된다고 본다. 또 어떤 학자들은 우주가 정보의 흐름으로 구성된 거대한 계산 구조라고 보는 '정보우주론'도 제시하고 있다.[21] 이처럼 우주의 기원에 대한 과학적 해석이 단 하나로 정리되지 않는 것처럼, 전략 역시 언제나 열린 가능성과 불확실성을 고려하며 유연하게 사고해야 함을 보여준다.

결론적으로 전략은 고정된 공간 위에 수립되는 것이 아니라, 끊임없이 변화하고 상호작용 하는 시공간 위에 구성되는 구조물이다. 따라서 우주전략은 시공간의 철학적 이해와 과학적 인식, 기술적 구현, 그리고 정책적 판단이 결합된 종합적 설계가 되어야 한다.

2) 시스템 사고:
우주전략의 구조를 이해하는 시야

우주전략은 단순히 기술을 축적하거나, 발사체를 개발하고, 위성을 띄우는 일에 그치지 않는다. 그보다 더 본질적인 질문은 '우리가 지금 어떤 시스템 속에서 움직이고 있는가?'이다. 우주를 둘러싼 전략 환경은 다양한 행위자와 제도, 기술, 국제규범이 상호 얽힌 복잡한 구조로 이루어져 있다. 이를 단편적으로 이해하는 것만으로는 효과적인 전략을 수립할 수 없다. 이런 복합적 상황에서 전략적으로 사고하기 위해 반드시 필요한 접근이 바로 '시스템 사고(Systems Thinking)'다.

시스템 사고는 단순히 정보를 체계화하는 방법이 아니다. 오히려 그것은 복잡하게 얽힌 현실을 통합적으로 이해하려는 사고의 틀이다. 우리가 우주전략을 수립할 때 고려해야 할 것은 단지 한 부처의 정책이나 한 기술의 성능이 아니다. 그것이 어떻게 다른 기술과 정책, 조직, 제도, 그리고 국제적 환경과 연결되는가를 이해해야 한다. 시스템 사고는 바로 그 '연결'의 구조를 보는 시야다.

예를 들어, 발사체를 개발한다고 했을 때, 단지 그것이 궤도에 도달하느냐가 문제의 전부가 아니다. 그 발사는 어떤 국제 규약의 적용을 받는가? 관련된 보험 제도는 정비되어 있는가? 발사 실패 시 책임 소재는 누구에게 있는가? 민간 기업이 해당 기술을 활용할 경우 정부는 어떤 역할을 수행해야 하는가? 이 모든 질문은 개별 기술이 아니라, 그 기술이 포함된 구조 전체에 대한 인식을 요구한다. 시스템 사고는 이러한 구조적 사고의 시작점이 된다.

시스템 사고와 시스템적 사고의 차이

많은 사람들이 '시스템 사고'를 들으면 '계획을 체계적으로 세우는 것'이라고 오해할 수 있다. 하지만 이것은 사실 '시스템적 사고(Systematic Thinking)'다. 즉, 정해진 절차를 따르고 논리적 흐름에 따라 문제를 해결하려는 접근이다. 행정에서 계획표를 짜고, 보고서를 작성하는 일에는 매우 유용한 방식이지만, 불확실성과 복잡성이 특징인 전략 환경에서는 한계가 있다.

반면 시스템 사고는 정해진 절차가 아니라, 구조적 원인을 인식하고, 보이지 않는 관계망과 동학(動學)을 파악하려는 사고다. 눈앞의 성과보다 그 성과가 발생하게 만든 메커니즘에 주목하며, '왜 그 문제가 반복되는가', '어떤 구조가 그런 현상을 유발했는가'를 탐색한다. 이는 전략이 어디에서 출발해야 하는가라는 질문과 직결된다. 전략은 단지 정책이나 계획이 아니라, 구조에 대한 인식에서 시작되는 선택이기 때문이다.

복잡계로서의 우주: Systems-on-Systems의 구조

우주 영역은 하나의 시스템이 아니라, 수많은 시스템들이 중첩된 다층 구조(Systems-on-Systems)다. 통신, 정찰, 기상, 항법, 감시, 과학

탐사, 상업서비스 등 각각 독립적으로 작동하는 것처럼 보이는 체계들은, 실은 하나의 거대한 전략 환경 속에서 서로 영향을 주고받는다.

일상에서 널리 사용되고 있는 GPS 위성 시스템은 단순한 위치정보를 제공하는 데 그치지 않는다. 그것은 군사작전, 항공 항행, 자율주행 차량, 금융시장의 시계 조정, 물류 시스템까지 연결되어 있다. 이처럼 개별 시스템이 다른 시스템에 작용하고, 또 그 반작용을 받는 상호연결 된 구조를 'Systems-on-Systems' 개념으로 설명한다. 이 개념은 단지 기술적 구조를 넘어, 우주전략 전체가 복잡한 연동 속에 놓여 있음을 보여주는 틀이기도 하다. 이와 같은 중첩된 구조 속에서는 개별 부문의 최적화가 전체의 실패를 부를 수 있다. 시스템 사고는 전체 구조를 파악하고, 어느 부문이 어느 부문에 영향을 미치는지를 통찰함으로써, 전략적 선택이 구조 전체를 강화하도록 만든다.

케슬러 신드롬: 시스템 사고의 부재가 만든 위기 예상

1978년, NASA 소속의 과학자 도널드 케슬러는 궤도상 하나의 충돌이 궤도의 파편을 폭발적으로 증가시키고, 이로 인해 다른 위성과 연쇄적으로 충돌하는 '케슬러 신드롬(Kessler Syndrome)'을 예측했다.[22] 이 시나리오는 단순한 기술 사고의 반복이 아니라, 시스템적 연결 속에서 발생하는 구조적 위기를 제시하고 있으며, 위기의 본질은 '충돌'뿐만 아니라, 제도 미비, 기술 표준의 부재, 협력 체계의 단절, 그리고 책임 회피가 숭첩된 복합체를 의미한다. 시스템 사고는 바로 이러한 위기의 구조를 읽어내고, 사전에 대응할 수 있는 사고 틀이다.

〈그림 2-3〉 케슬러가 상상했던 우주 인공위성 궤도의 모습
출처: National Space Center

시스템 사고 없이는 전략이 구조를 따라갈 수 없다

전략이란 미래를 준비하는 선택이다. 그러나 그 선택은 항상 구조 안에서 이루어진다. 구조를 이해하지 못한 전략은 눈앞의 성과만 좇다가 전체를 놓치는 오류를 범할 수 있다. 대표적 사례가 1986년 챌린저호 폭발 사고이다. 겉으로 보기엔 단순한 기술적 결함, 즉 밀폐 고무링(O-ring)의 기능 실패가 원인이었다. 그러나 실제로는 그 기술적 결함이 왜 발생했고, 왜 무시되었으며, 왜 반영되지

않았는지를 들여다보면, 이는 전형적인 시스템의 실패였다.[23] 위험 경고는 발사 전부터 존재했지만, 조직 내부의 계층 구조와 소통 단절, 하청업체와의 정보 전달 왜곡, 그리고 정치적 일정에 맞추려는 외부 압박 등 복합적인 요인들이 경고 신호를 무시하게 만들었다. 각 부서와 참여자는 자신의 역할을 '정상적으로' 수행하고 있었지만, 이들이 유기적으로 연결된 '하나의 시스템'으로 작동하지 못한 결과, 소소한 기술적 문제 하나가 대참사로 이어졌던 것이다.

시스템 사고는 전략문화의 기반이 된다

우주는 기술이 선도하지만, 그 기술을 어떤 맥락에서, 어떤 방식으로 활용할지는 전략이 결정한다. 그리고 그 전략은 단순한 선택이 아니라, 다양한 요소들이 상호작용 하는 구조 속에서 결과를 예측하고 설계하는 사고에서 비롯된다. 바로 이 지점에서 시스템 사고가 핵심적인 역할을 한다. 시스템 사고는 복잡한 관계망 속에서 원인과 결과의 흐름을 이해하고, 기술의 효과적 활용을 가능하게 하는 전략적 안목을 길러준다.

따라서 시스템 사고는 한국 사회가 '전략적 사고'를 일상화하고, 구조를 인식함으로써, 복잡한 세계 속에서 판단을 내리는 문화로 전환할 수 있는 기반이 될 것이다.

3) 창의적 사고:
불확실성 속에서 가능성을 상상하고 전략으로 연결하기

우주전략을 구성함에 있어 창의적 사고(Creative Thinking)는 단순히 새로운 아이디어를 떠올리는 능력에 머물지 않는다. 그것은 지금 존재하지 않는 가능성을 상상하고, 그것을 현실적인 정책과 전략으로 연결하는 사고방식이다[24]. 특히 우주와 같이 불확실성이 크고 기술과 정치가 동시에 작동하는 영역에서는, 기존의 질서나 논리만으로는 문제를 해결할 수 없기에 창의적 접근이 더욱 중요해진다.

창의적 사고는 왜 현실에서 저항을 받을까?

하지만 창의적 사고는 대부분의 정책 결정 환경에서 쉽게 수용되지 않는다. 그 이유는 첫째, 창의성은 기존의 제도나 사고의 틀을 흔들기 때문에 정책 집행자들에게는 불편한 도전으로 여겨지기 쉽다. 둘째, 창의적인 발상은 보통 결과가 검증되지 않았기 때문에 정치적 책임과 예산 집행의 불확실성을 동반한다. 특히 공공 부문에서는 '성공 확률이 높은 선택'을 선호하는 문화가 깊게 뿌리내려져 있어, 창의성은 종종 '리스크가 큰 시도'로 간주되곤 한다.[25]

GPS 민간 개방: 전략적 창의성이 정책을 바꾸다

이러한 경향에도 불구하고, 창의적 사고가 전략적으로 정책을 전환한 대표적 성공 사례가 있다. 바로 미국의 GPS(Global Positioning System) 기술 개방이다. GPS는 본래 미국 국방부가 군사작전의 정밀도를 높이기 위해 개발한 군사 기술이었다.[26] 민간에 개방되기 전까지만 해도, 이 기술은 군사적 기밀로 철저히 통제되었으며, 민간 활용 가능성은 고려조차 되지 않았다.

그러나 1983년, 대한항공 007편이 항법착오로 소련 영공을 비행하다 격추된 사건은 GPS 기술의 공공성 확대에 대한 논의에 불을 붙였다. 미국은 이 사건을 계기로 GPS를 민간에도 점차 개방하겠다고 공식 선언했으며,[27] 이후 부처 간 협의, 민간 활용 로드맵 수립, 국제협력 등 전방위적 제도 조정이 이어졌다. 2000년에는 '선택적 가용성(Selective Availability: GPS의 위치 정확도를 의도적으로 낮추어 민간의 사용을 제한)' 기능을 제거함으로써 민간 GPS 신호의 정확도를 대폭 향상시켰다.[28] 이러한 변화는 단순한 기술 공유가 아닌, 국가안보와 민간 활용 간의 균형을 재설계한 전략적 창의성의 결과였다. 그 결과 GPS는 단일 위치 확인 기술에서 전 세계 산업·안보·일상에 파고든 핵심 인프라로 전환되었다.

뉴스페이스 시대와 창의성: 상상과 전략의 연결

21세기 들어, 우주활동은 '뉴스페이스(New Space)'라 불리는 새로운 국면에 진입했다. 이는 민간이 중심이 되는 우주 생태계로의 구조적 전환을 의미한다. 대표적으로 스페이스X는 재사용 발사체를 통해 발사 비용을 획기적으로 낮추며, 정부 기관 중심의 '올드스페이스' 체제를 흔들었다.29) 또한, 스타링크(Starlink)는 수천 기의 위성을 초저궤도에 배치해 지구 전체에 위성 기반 인터넷을 공급하는 구상을 추진하고 있다.30) 이는 전통적 통신 질서와 우주 궤도 배분 체계를 사실상 우회하며, 상업적 창의성이 기존 제도를 넘어서는 전형적인 사례다.

창의성의 그림자: 기술 낙관주의와 규범의 공백

그러나 모든 창의적 접근이 긍정적인 결과만을 낳는 것은 아니다. 기술 낙관주의(Techno-optimism)는 그 대표적인 한계로 지적된다. 기술 낙관주의란 '기술이 모든 문제를 해결해 줄 것'이라는 전제를 바탕으로, 사회적·윤리적 문제를 후순위로 미루는 경향을 말한다. 대표적인 사례가 스타링크와 같은 초저궤도 위성 대규모 배치가 기존 궤도 혼잡 문제, 천문 관측 방해, 충돌 위험 증가 등을 초래했으나, 이러한 사회적·윤리적 논의는 사전에 충분히 선행되지 않았다. 또 다른 사례로, 위성 데이터 기반의 감시 기술은 국가안보뿐 아니라 민간인의 사생활 침해 우려를 동반하지만, 기술적 효율성만 강조되면서 관련 규범 논의는 뒤로 밀린 경우도 많다.31) 2020년 미국 민간 위성업체들이 고해상도 상업위성을 통해 시위 현장을 정밀 촬영하고 이를 정부 기관과 공유한 일이 논란이 되었는데, 이는 위성 기술이 공공 감시를 넘어 개인의 위치나 행동을 추적할 수 있는 수준에 이르렀다는 점에서 사생활 침해 우려를 불러일으켰다. 이처럼 기술 발전은 그 자체로 전략적 기회이지만, 윤리적 기준과 공공성, 국제규범의 병행적 설계가 없다면 창의성은 오히려 갈등과 위기를 낳을 수 있다.

창의성은 전략적 여지를 설계하는 사고방식이다

그럼에도 불구하고, 창의적 사고는 여전히 우주전략의 핵심 구성 요소다. 그것은 아직 존재하지 않는 가능성을 현재의 전략 선택으로 끌어오는 상상력이며, 다가오지 않은 위협에 선제적으로 대비할 수 있게 하는 사고 능력이다.

전략이란 결국 예측할 수 없는 미래에 대응하는 현재의 선택의 기술이다. 그런 의미에서 창의적 사고는 단지 새로운 아이디어가 아니라, 기존 질서를 재구성할 수 있는 구조적 상상력이며, 전략적 유연성의 출발점이다. 한국이 우주 분야에서 전략적 독립성과 주도권을 확보하고자 한다면, 기술뿐 아니라 정책적 상상력, 제도 설계 능력, 윤리적 자율성을 아우르는 통합적 창의성이 절실히 요구된다.

4) 비판적 사고:
복잡한 위협 환경에서
의미 있는 구조를 식별하기

우주전략 환경은 단순한 기술적 계산이나 경제적 판단만으로 대응할 수 없는 복합성과 불확실성을 내포하고 있다. 우주 영역에서는 우주의 움직임이 의도적인 정치적 메시지로 해석될 수 있고 민

간 기술이 군사적으로도 활용될 수 있으며, 군사와 민간의 경계조
차 뚜렷하지 않아 의도와 행동이 혼동되기 쉬운 상황이 자주 발생
할 수 있다. 이러한 복잡한 변수들은 시간이 흐름에 따라 성격이 자
주 변화하기도 해서 우주전략을 수립하는 데 있어서 전략 수립자
의 수준 높은 통찰력을 요구한다. 이러한 환경에서 요구되는 핵심
적인 사고방식이 바로 비판적 사고(Critical Thinking)다.

 비판적 사고란 표면에 드러난 현상이나 기존 통념에만 의존하지
않고, 정보의 출처, 의도, 맥락, 구조적 배경 등을 분석하고 해석하
는 능력이다.[32] 단순히 '의심'하거나 '반대'하는 것이 아니라, 왜 이
현상이 발생하는가, 그 이면에 어떤 구조가 작동하고 있는가, 어떤
결과로 이어질 수 있는가를 질문하는 방식이다. 이러한 사고방식
은 특히 전략적 판단을 내릴 때 단편적 반응을 넘어, 복합적이고 다
층적인 흐름을 꿰뚫는 통찰력을 제공한다.

 운용 중인 위성이 갑자기 파괴되었다고 가정할 때 단순히 기술적
고장이라고 판단하면 정확한 원인 분석과 적절한 대응이 어려울 수
있다. 실제로는 다음과 같은 다양한 원인이 존재할 수 있기 때문이
다. 첫째, 타국의 군사적 시위나 ASAT(반위성무기) 실험 형태의 의도된
공격, 둘째, 우주파편과의 충돌 가능성, 셋째, 위성의 수명이 다했
음에도 연장 운용을 하여 벌어진 운용관리의 실패 사례, 넷째, 국제
적 협의체의 미비로 궤도 조정 체계가 작동하지 않았을 수도 있다.

 이처럼 우주환경에서 하나의 사건은 단일 원인이 아니라, 기술,

정책, 외교, 안보 등 다양한 층위의 인과 관계로 발생한다. 이를 이해하기 위해서는 사건 이면의 구조를 파악하고, 국가·행위자·기술 간의 상호작용을 해석하는 능력이 필수적이며, 비판적 사고가 요구되는 근본적인 이유이다.

미국의 우주전략 변화: 비판적 사고의 적용사례

2001년 9·11 테러는 미국 사회 전체에 충격을 안겼을 뿐 아니라, 우주전략에도 중대한 변화를 촉발했다. 이전까지는 우주자산이 상대적으로 안전한 영역에 위치한 것으로 간주되었으나, 테러 이후 미국 정부는 우주 역시 비대칭 위협의 잠재적 표적이 될 수 있다는 인식을 갖게 되었다. 이에 따라 2006년 개정된「국가우주정책(National Space Policy)」은 미국의 우주활동 자유를 국가안보의 핵심 요소로 규정하고, 타국이 자국 우주자산에 위협을 가할 경우 적극적으로 대응할 것을 명시하였다.[33]

이어 2007년 발표된「우주임무보장전략(Mission Assurance Strategy)」은 보다 구체적으로 우주 시스템의 취약성, 사이버 공격, 전파 교란, 민군 상호의존성 문제 등을 분석하고 이에 대한 대응 방안을 제시하였다.[34] 이러한 전략 변화는 단지 테러의 충격에 의한 일시적 반응이 아니라, 위협 구조의 변화를 구조적으로 읽어낸 비판적 사고의 결과였다.

비판적 사고는 '무슨 일이 일어났는가'보다 '왜 그것이 일어났는가', '어떤 흐름 속에서 일어났는가'를 파악하는 것이 중요하다. 미국은 2007년 중국의 ASAT 시험(인공위성 요격 실험)에 대해서도 그렇게 접근하였다. 중국의 실험은 단순한 기술 시위가 아니라, 우주 공간이 실제 무력 충돌 가능성이 존재하는 전략 공간으로 바뀌고 있음을 보여주는 신호로 인식하였다.[35] 시험을 단지 '하나의 사건'으로 받아들이지 않고 위협의 본질로 판단한 것이다.

한국 사회가 직면한 현실: 복잡한 지정학적 상황

오늘날 한국은 우주로의 진입을 가속화하고 있다. 한국형 발사체를 보유하고, 군 정찰위성 확보, 우주작전사령부 창설 계획 등 안보적 대응 역량도 확장하고 있다. 동시에 스타트업을 포함한 민간 기업들은 소형 위성, 우주인터넷, 위성영상 분석 등 다양한 분야에 진출하고 있다. 하지만 한국은 다음과 같은 복잡한 구조적 환경 속에 위치해 있다.

북한이라는 비대칭 위협 보유국과의 대치, 우주자산 규모에 있어 주변국과 상대적 취약성, 미·중 전략 경쟁의 교차지점이라는 지정학적 위치 등으로 인해 단지 기술적 개발만으로 전략적 위상을 확보할 수는 없다. 따라서 한국 위성이 사이버 공격을 받거나 전자전에 노출될 가능성은 없는가? 군사·민간 겸용 위성이 국제규범상 문제로 제소될 가능성은? 동맹국의 전략적 요청이 국내 우주정책 결정에 어떤 영향력을 행사할 것인가? 등을 다각도로 생각해 보아야 한다.

이러한 문제는 기술 개발 로드맵만으로 대응할 수 없으며, 복합적 위협 환경 속에서 전략적으로 무엇을 선택할 것인가에 대한 깊이 있는 사고가 필요하다. 즉, 비판적 사고는 한국의 우주정책이 예측 가능한 기술 기반 계획에서 벗어나, 비예측적 사건에 전략적으로 대응할 수 있는 기준을 세우는 데 기여할 것이다.

5) 윤리적 사고: 우주의 미래를 위한 책임 있는 전략적 시야

우주전략은 단지 기술적 우위나 물리적 성취를 위한 도구가 아니다. 그 전략이 누구를 위한 것이며, 어떤 기준에 기반하여 실행되는가에 따라 정책의 정당성과 지속성이 좌우된다. 특히 인류 전체가 공유해야 할 우주에서는, 윤리적 사고(Ethical Thinking)가 단지 이상적 가치가 아니라, 현실적 전략 구성 요소로 기능할 수 있다.

윤리적 사고란 개인이나 공동체가 옳고 그름, 정의, 공공성, 책임감 등의 도덕적 기준을 기반으로 판단하고 행동하는 사고방식이다.[36] 이는 단순한 도덕적 판단을 넘어서, 복잡한 전략 환경 속에서도 장기적 정당성과 공공성, 지속 가능성을 고려하게 하는 전략적 틀이다.

전략과 정책 영역에서 윤리적 사고는 다음과 같은 세 가지 차원에서 실질적인 의미를 갖는다. 첫째, 윤리적 사고는 정책과 전략의 정당성을 부여한다. 민주주의 사회에서 정책은 단지 절차적 합법성만으로는 부족하며, 도덕적 신뢰성과 공적 타당성을 함께 요구받는다.[37] 윤리적 사고는 정책 결정이 '무엇을 위해', '누구에게 영향을 미치는가'를 고려하게 함으로써, 국민의 지지뿐 아니라 국제사회와의 관계에서 신뢰를 확보하는 데 핵심적인 역할을 한다. 설사 우리의 위성자산 배치가 국가안보에 기여하더라도, 그것이 민간 위성의 전파 간섭이나 주변국의 위협 인식을 유발한다면, 그 전략은 단기적으로 성공하더라도 장기적 신뢰를 훼손할 수 있다. 윤리적 사고는 이러한 전략적 불균형을 사전에 조정할 수 있는 기준선을 제공한다.

둘째, 윤리적 사고는 글로벌 공공성(Global Public Good)의 수호에 기여한다.[38] 우주는 지구와 마찬가지로 인류 전체의 생존 기반이며, 그 공간은 본질적으로 공공재로 간주된다. 따라서 윤리적 책임과 공동 관리가 요구되며, 그 구성 요소로는 '접근의 형평성', '정보와 자원의 공유', '행위의 책임성'이 있다. 우주는 특정 국가가 독점해서는 안 되며, 다양한 국가와 행위자에게 공평한 참여 기회가 보장되어야 한다. 기후 관측, 자연재해 감시, GPS 데이터 등 인류 공동복지를 증진하는 정보는 제한적 협력 구조 안에서 공유될 수 있어야 하며, 우주파편 발생, 궤도 충돌, 자원 선점 등 모든 활동은 국제적 책임을 동반해야 한다. 윤리적 사고는 이러한 공공성 개념을 전략 수립에 도입함으로써, 우주를 무제한 경쟁의 공간이 아닌, 공동 생존의 무대로 전환하게 만든다.

셋째, 윤리적 사고는 전략의 지속성과 협력 가능성을 높인다. 윤리적 사고는 단기적 이익이나 기술적 우위를 넘어서, 국제사회와의 협력 및 동반 성장 가능성을 높이는 전략 자산이다. 우주협력은 단순한 과학기술 교류가 아니라, 정치적 신뢰와 규범적 연대에 기반한 국제질서의 구성이기 때문이다.[39] 실제 국제우주정거장(ISS)은 미국, 러시아, 유럽, 일본, 캐나다 등 서로 다른 정치 체제가 윤리적 협약과 상호신뢰를 바탕으로 공동 운영 해온 사례로, 윤리적 사고가 협력을 전략적으로 지속시키고 긴장을 완화하며 제도와 질서를 수립하는 실질적 도구임을 보여준다.

이러한 윤리적 사고의 대표적인 사례로 1967년 채택된 「우주 외기권조약(Outer Space Treaty, OST)」을 들 수 있다. 당시 냉전 상황에서 미국과 소련은 우주 공간에서도 군비 경쟁을 확대하고 있었는데, 핵무기나 공격용 무기를 궤도에 배치할 경우 발생할 수 있는 우주전쟁의 위험을 우려하고 있었다. 결국 양국은 전략적 자제(Self-restraint)를 택했고, 이 조약은 군사화 방지, 평화적 이용, 공동 책임이라는 윤리적 원칙을 전략 설계에 반영한 첫 번째 사례였다. 조약의 주요 내용은 국가 간 영유권 주장 금지, 대량살상무기의 우주 배치 금지, 자국의 우주활동에 대한 국제적 책임 명시, 우주환경과 타국 자산 보호 의무 및 손해 배상 조항 등을 포함하며, 오늘날까지도 우주 질서의 기본 틀로 작용하고 있다.[40]

〈그림 2-4〉 1967년 미·영·소 주도의 우주외기권조약 서약식
출처: 미 국립문서기록청

우주환경과 미래 거버넌스: 새로운 윤리의 전선

오늘날 우주활동은 지구 환경과 직접 연결된 복합 시스템 속에서 이루어진다. 로켓 발사로 인한 온실가스 배출, 고도 대기층의 교란, 우주파편으로 인한 궤도 혼잡은 모두 지구의 지속 가능성과 인류 활동에 직접적인 영향을 준다.[41] 또한 민간 기업과 다국적 연합체의 참여가 증가하면서, 우주 자원 개발, 데이터 보유, 발사체 경쟁 등 다양한 영역에서 윤리적 거버넌스의 공백이 발생하고 있다. 특정 민간 기업이 자국의 규제를 피하여 다수 위성을 발사하거나, 기존 궤도 등록 시스템을 무력화하면서 충돌 가능성을 높이는 행위는 국제적 우주공공성에 대한 잠재적 위협으로 작용한다.

이에 따라 향후에는 우주환경 보호에 대한 국제규범 정비, 자원 채굴과 기술 독점에 대한 공유 원칙 정립, 우주파편 처리에 대한 책임 구조 및 비용 분담 체계 구축이 더욱 절실한 과제가 될 것이다. 다시 말해 윤리적 사고는 단지 과거의 교훈이 아니라, 미래 전략과 거버넌스를 설계하는 현실적인 기준이 되어야 한다.

한국이 향후 선진 우주국가로 도약하고자 한다면, 다음과 같은 이유에서 윤리적 사고를 전략의 중심축에 둬야 한다. 첫째, 다자협력과 국제조약, 기술 이전 협정 등에서 한국의 윤리적 입장에 대한 타 국가의 신뢰가 외교적 협상력의 중요한 요인이 되기 때문이다. 둘째, 기업이 해외에서 위성 발사, 자원 채굴, 데이터 수집 등의 활동을 하면서 현지의 법적·윤리적 규범을 위반하거나 논란을 일으킬 경우, 해당 기업만의 문제가 아니라 이를 관리·감독하지 못한 국가 전체의 책임으로 번질 수 있다. 셋째, 규범 선도국가로의 도약을 위해, 한국이 우주법·우주환경 보호·우주책임체계 등에서 국제적 기준 설정에 주도적으로 참여하려면, 윤리적 전략 모델을 내부적으로 먼저 확립할 필요가 있기 때문이다.

따라서 한국은 단지 우주기술 보유국이 아니라, 윤리와 전략을 동시에 갖춘 책임 있는 우주행위자로서의 위상을 구축해 나가야 한다.

나. 우주의 전략 환경

1. 혼잡한(congested) 우주환경

우주전략 환경을 설명할 때 가장 널리 쓰이는 개념은 '혼잡한(congested), 다툼의(contested), 경쟁적인(competitive)'이라는 세 가지 키워드로 요약된다. 이 설명은 2011년 미국 국방부와 국가정보국이 공동 발표한 「국가우주안보전략서(National Security Space Strategy, NSS)」에서 처음 공식화되었으며,[42] 이후 주요 우주 강국들의 전략 문서와 학술 연구에서도 핵심 개념으로 자리 잡았다. 이 세 용어는 우주의 물리적, 정치적, 전략적 현실을 요약한 것으로, 그중에서도 '혼잡한(congested)'은 나머지 두 요소의 현실적 원인이 되기도 한다.

특히 혼잡성은 단순한 물리적 상태를 넘어, 경쟁과 대립을 가속화하는 전략적 촉매로 기능한다는 점에서 더 주목할 필요가 있다. 즉, 혼잡한 환경은 그 자체로 자원 선점과 우주 내 행동의 제약을 유발하며, 경쟁과 긴장을 구조화하는 토대가 되기 때문이다. 우주 공간을 이해하기 위해서는 먼저 지구를 둘러싼 대기권과 그 경계를 이해해야 한다. 일반적으로 우주는 카르만 라인(Kármán Line)으로 알려진 지구 표면으로부터 고도 약 100km 지점에서 시작된다고 여겨진다.[43] 이 경계는 대기 밀도가 너무 낮아 비행체가 양력을 얻기 어려워지고, 궤도역학(Orbital Mechanics)이 지배하는 공간으로 넘어가는 지점이다. 이후 펼쳐지는 우주는 단순한 진공 상태가 아니라, 고에너지 입자, 전자기 복사, 태양풍, 미세 운동체 등 다양한 위험 요소들이 동시에 존재하는 복합적 환경이다.

우주의 물리적 자연환경

이러한 우주의 물리적 자연환경은 눈에 보이지 않지만 위성이나 우주기기에 심각한 영향을 줄 수 있는 위험 요소들로 가득하다. 이러한 위험 요소들을 구체적으로 살펴보면 다음과 같다.

첫째, 태양은 지속적으로 고에너지 입자와 전자기 복사를 방출하며, 이로 인해 우주는 강력한 방사선대와 태양 복사 환경에 노출되어 있다. 2003년 태양 플레어에 노출된 일본의 중계위성 'Kodama'는 주요 장치가 과열되어 임무가 중단된 바 있으며,[44] 정지궤도(GEO) 위성은 상대적으로 보호막이 약해 더 큰 위험에 노출된다.

둘째, 지구 자기장은 태양풍과 상호작용 하면서 플라스마 벨트를 형성하고 있으며, 이는 위성 장비의 방전, 통신 장애, 전자기 교란을 유발한다. 2013년, 미국 해양대기청(NOAA)의 기상 관측 위성 중 하나가, 우주 공간의 플라스마에 의한 전자기 충격으로 일시적으로 전원이 꺼지는 사고를 겪었다.[45]

셋째, 태양 플레어나 코로나 질량 방출(CME)과 같은 우주기상(Space Weather) 현상은 궤도 변경, GPS 오류, 전력망 교란 등 직접적인 영향을 미친다. 2022년 SpaceX는 발사된 스타링크 위성 49기 중 38기가 태양 폭풍으로 인해 대기권으로 추락하며 손실된 바 있는데,[46] 이는 민간 상업 우주 시스템조차 자연 기반의 불확실성에 취약함을 드러내는 대표 사례다.

넷째, 우주는 극한의 열 환경을 갖는다. 대류가 없어 열전달은 복사만 가능하며, 태양을 마주한 면은 섭씨 100도 이상, 반대편은 -100도 이하까지 떨어진다. 이는 장비 노후화와 시스템 오류를 유발하며, NASA는 허블 망원경에 대해 지속적인 열 균형 모니터링을 수행하고 있다.

다섯째, 초속 10km 이상의 속도로 이동하는 미세유성체 및 우주 먼지는 소형 탄환 이상의 위력을 지닌다. 2016년, 유럽우주국(ESA)의 Sentinel-1A 위성은 정체불명의 미세 파편과 충돌해 태양전지판 일부가 찢어지는 손상을 입었으며, 이로 인해 출력 효율이 저하되었다.[47] 또한 국제우주정거장(ISS) 외벽에서도 지속적으로 충돌 흔적이 발견되고 있으며, 이는 선체 구조 약화나 공기 누출 가능성까지 초래할 수 있어 주기적인 강화 복원 및 유사시 충돌 회피 기동을 필요로 한다.

권역별 우주환경

구분	고도범위	특성
태양영향권 (Solar Zone)	지구~태양간 전체	· 태양 플레어, 태양풍, CME 입자유입 · L1 지점에 태양관측위성 운영
자기권 (Magnetosphere)	약 65,000km 이상	· 지구 자기장이 형성한 보호막 · 태양풍 차단, 복사대 (Radiation) 형성
밴앨런 복사대 (Van Allen Radiation Belts)	약 1,000~60,000km	· 고에너지 입자대, 위성장비에 손상 가능 · 전자기 방해 요소로 작용
외기권 (Exosphere)	600km이상 GEO : 35,786km MEO : 20,200km LEO : 200~3,000km	· 거의 진공 · GEO : 정지통신위성(지구 자전과 동기화) · MEO : 내비게이션 위성(중간고도) · LEO : 통신관측위성(혼잡)
카르만라인 (Kármán Line)	약 100km	· 대기와 우주의 경계로 간주
열권 (Thermosphere)	85~600km	· 오로라, 전리층 존재, 밀도 낮고 온도 높음 · 국제 우주정거장, 우주 왕복선, 고고도센서
중간권 (Mesosphere)	50~85km	· 유성소멸 구간, 기온 급감 · 인공위성 없음
성층권 (Stratosphere)	12~150km	· 오존층 존재, 안정적 기류 · 고고도 정찰기
대류권 (Troposphere)	0~12km	· 기상현상 발생, 대기밀도 높음 · 민간항공기 · 일상생활권

〈도표 2-1〉 권역별 우주환경
출처: NASA Earth's Atmosphere Layers, 2023

인공적 우주환경: 궤도 밀집과 충돌 위험의 구조화

하지만 더욱 심각한 문제는 인간의 우주활동이 급증하면서 우주가 인공적으로 혼잡해지고 있다는 점이다. 현재 우주에는 수천 기의 인공위성, 수백 개의 로켓 파편, 정거장, 탐사 장비, 수송체, 그리고 수천 기 규모의 대형 위성 군집체가 활동 중이며, 그 대부분이 저지구궤도(LEO)에 밀집되어 있다.

대표적으로 SpaceX의 스타링크(Starlink), 아마존의 쿠이퍼(Kuiper), 원웹(OneWeb)과 같은 민간 기업들이 수천 기 규모의 통신위성을 집중적으로 배치하면서, LEO는 '우주의 고속도로'로 불릴 만큼 복잡해졌다. 2024년 기준 운영 중인 인공위성은 약 9,000기를 초과했으며,[48] 이 중 대부분은 LEO 상공 500~1,200km 내에 밀집되어 있다. 일부 궤도에서는 수백 미터 간격으로 위성이 운행되고 있으며, 이는 고속도로에서 수백 대의 차량이 충돌 없이 동시에 달리는 것과 유사한 고밀도 운영 구조다.

더불어 이들 위성의 수명이 끝나거나 통신이 두절되었을 때 남게 되는 우주파편(Space Debris)은 추적 불가능한 경우가 많으며, 파편 하나의 충돌로 연쇄 피해가 발생할 가능성이 크다. 실제로 2009년 이리듐-33과 코스모스-2251의 충돌은 궤도상에서 파편 확산을 야기하며 우주파편의 심각성을 세계적으로 각인시켰다. 여기에 국제우주정거장(ISS), 중국의 톈궁, 향후 건설될 아르테미스 게이트웨이 정거장 등 대형 구조물도 궤도 공간을 차지하고 있으며, 회피 기동이 제한되어 있어 지속적인 교통 통제 및 국제 조정이 필수적이다.

특수궤도와 전략적 활용 경쟁

고밀도 궤도 외에도 전략적 활용을 위해 특정 궤도들이 각국의 경쟁 대상이 되고 있다. 그중 고타원 궤도(HEO: Highly Elliptical Orbit)는 위성이 타원형 궤도의 높은 지점에서 더 오랜 시간 머무르는 특성이 있어, 극지방과 고위도 지역을 장시간 감시하거나 통신을 안정적으로 유지하는 데 매우 유리하다. 러시아의 '몰니야 궤도'(Molniya Orbit)는 이 원리를 적용한 대표적인 고타원 궤도로, 이를 통해 자국의 북극권을 효과적으로 관할하며 군사 통신과 정찰에 활용하고 있다.

한편, 지구와 태양 간의 중력이 균형을 이루는 지점인 라그랑주점(Lagrangian Point, L1~L5)은 위성을 정지 상태로 안정되게 머무르게 하면서도 연료 소모가 적은 공간으로 그 전략적 가치가 높다. 이 중에서도 L2 지점은 지구의 반대편 그림자 영역에 위치해 있어, 태양과 지구의 빛을 차단할 수 있고, 우주에서 오는 미세한 적외선 신호를 방해 없이 관측할 수 있다는 장점이 있다. NASA는 이러한 조건을 활용해 제임스 웹 우주망원경을 L2에 배치, 우주의 초기 은하, 외계 행성, 별의 형성 과정을 장기간에 걸쳐 탐사하고 있다.[49]

궤도의 형성과 라그랑주점 위치

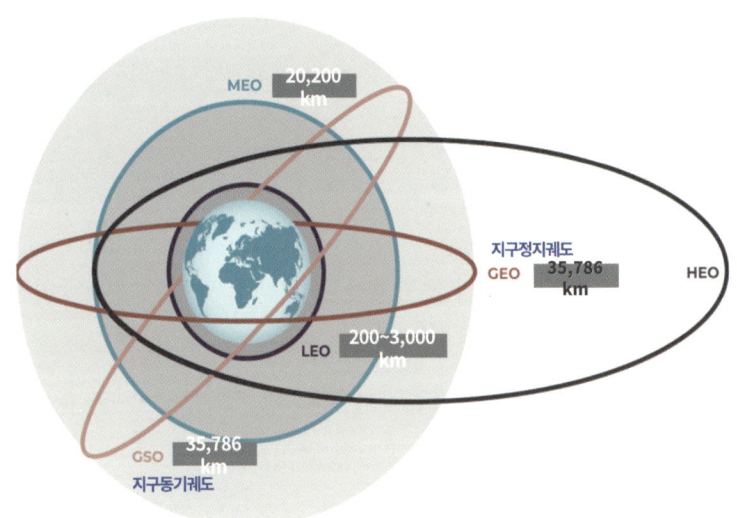

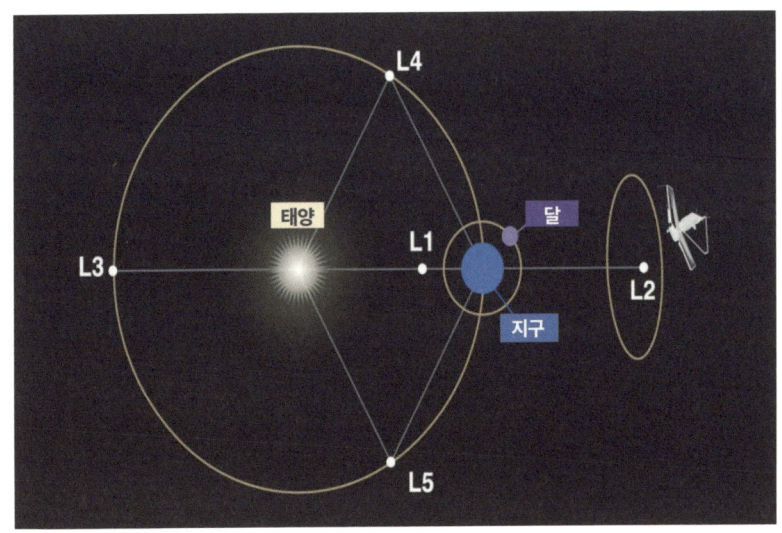

〈그림 2-5〉 궤도의 형성과 라그랑주점 위치
출처: NASA 홈페이지

또한, 달 궤도는 단순한 탐사의 대상이 아니라, 장기적으로는 우주기지 건설, 자원 채굴, 화성 탐사의 중간 거점 확보 등 다양한 목적에서 전략적 활용 가치가 높아지고 있다. 미국의 아르테미스 프로그램과 중국의 창어(Chang'e) 계획은 이러한 달 궤도 경쟁의 대표적인 사례이다. 달 궤도에서의 우주정거장 건설(Gateway) 및 자원 전초기지 확보는 향후 우주 거버넌스의 주도권 확보, 즉 우주 공간을 어떻게 운영하고 규율할지를 결정하는 국제적 영향력과 직결된다.[50]

전략적 혼잡성: 기술 문제를 넘어선 정치적 과제

이처럼 혼잡한 우주환경은 단순히 물리적 충돌 가능성이나 효율성 저하의 문제가 아니다. 오히려 이 혼잡성은 자원(궤도 위치, 주파수, 탐사 영역)의 선점과 통제권 경쟁이라는 전략적 의도에서 발생했고, 시간이 지날수록 국가와 민간의 참여가 확산되면서 더욱 가속화될 전망이다. 따라서 혼잡성은 기술 관리의 문제가 아니라, 우주 질서의 정치적 구성 문제로 전환되어야 한다. 궤도 등록 및 관리 체계를 담당하는 ITU, 위성 충돌 방지를 위한 IADC, 우주물체 등록을 요구하는 UNOOSA 체계 등은 기존 국제규범이지만, 뉴스페이스 시대의 급속한 변화에 실시간 대응하기에는 한계가 있다. 특히 실시간 교통 통제, 파편 통지, 책임 구조의 명확화 등에서 현재의 시스템은 제도적 미비가 크며, 다자간 협력과 규범 정비 없이는 우주전략 안정성을 유지하기 어렵다.

결국 '혼잡한 우주'는 불가피한 현실이 아니라, 전략적 공존을 위한 질서와 협력의 구조를 요구하는 신호임이 분명하다. 이제 우주환경의 안정성과 전략적 예측 가능성을 확보하기 위해서는 각국이 단순한 기술 경쟁을 넘어서, 공공성과 책임성, 규범적 안정성이라는 가치에 기초한 우주정치의 새로운 장을 열어야 한다.

2. 다툼의 (contested) 우주환경

　우주는 단지 과학적 탐사나 상업적 활용의 공간만이 아니다. 오늘날 우주는 군사적 충돌 가능성까지 내포한 전략 공간으로 점차 전환되고 있으며, 이를 국제안보전략의 맥락에서는 흔히 'contested space'라 지칭한다. 이는 곧 우주가 절대적인 평화의 영역이 아니며, 언제든지 갈등과 충돌의 가능성이 내재된 공간임을 뜻한다. 특히 우주위협은 단순한 위성 파괴 행위를 넘어, 감시, 통제, 무력화, 정보 탈취, 전자기 간섭, 사이버 공격 등 비가시적 형태의 전장으로까지 확장되고 있다. 이로써 우주는 전통적인 지상전, 해상전, 공중전, 사이버전에 이은 새로운 전장으로 부상하였으며, 이러한 상황적 변화는 단지 기술 진보 때문이 아니라, 국가 간 권력 경쟁, 억제력 구축, 안보 개념의 확장에서 비롯된 결과라 할 수 있다.

억제된 갈등 – 냉전기의 '잠재적 contested' 이해

냉전기 우주는 미국과 소련이 각자의 체제 우위를 과시하고 전략적 감시 자산을 운용하던 공간이었지만, 실제 무력 충돌은 발생하지 않았다. 이는 핵무기의 상호확증파괴(MAD: Mutually Assured Destruction) 구조하에서 이루어진 억제 전략 덕분이었다. 당시 정찰위성과 조기경보 시스템은 핵 억제와 전략적 균형을 유지하는 핵심 요소로 기능했으며, 이 자산들이 공격당할 경우, 보복이 불가피하다는 인식 속에서 상호 자제가 가능했던 것이다.[51] Peter Stares는 이를 두고 "우주는 겉으로는 평화로웠지만, 실제로는 상시적인 군사적 준비 태세가 유지된 이중적 공간"[52]이라 평가했다. 당시에는 우주 공간의 무력 충돌이 '억제력에 의해 미연에 방지된 상태'였으며, 이는 냉전기의 contested 환경이 표면화되지 않았던 이유이기도 하다.

그러나 냉전이 종식되고, 핵 억제력의 위력이 상대적으로 약화되면서 정밀유도무기, 우주 기반 정찰·통신 수단의 군사적 효과성이 부각되기 시작했다. 이로써 우주는 점차 독립적인 작전 공간으로 부상하게 되었고, 우주자산에 대한 능동적 방해 또는 제거 수단의 필요성도 제기되었다.

위협의 현실화 – 탈냉전기 이후의 contested 가시화

탈냉전 이후 우주는 다극화된 안보 경쟁의 장으로 변모하였다. 특히 2000년대 이후, 여러 국가들이 자국의 안보전략을 우주 기반으로 확장하면서, 위성 무력화 또는 대우주전략(Counter-Space Strategy)이 구체화되었다.

중국은 2007년 노후 위성을 미사일로 파괴하는 ASAT(Anti-Satellite) 실험을 통해 물리적 공격 능력을 과시했다. 이는 단순한 기술 시연이 아니라, 미국과 동맹국의 우주 감시 및 통신 자산에 대한 직접적 위협을 시사하는 전략적 메시지였다. 이후 중국은 접근·포획형 위성, 로봇팔 장착 위성, 기생형 위성 등을 개발하며 물리적·비물리적 위협 수단의 다양화를 추구하고 있다.[53] 접근·포획형 위성은 타국 위성의 궤도 근처까지 접근해, 일정한 제어를 통해 위성을 물리적으로 포획하거나 위치를 변경시킬 수 있는 기능을 갖춘 위성이다. 로봇팔 장착 위성은 기계 팔을 이용해 다른 위성을 포획하거나 구조를 분해하고, 일부 구성 요소를 선별적으로 제거하는 등, 고도화된 물리적 조작이 가능하다. 이는 비군사적 점검이나 수리에도 쓰일 수 있지만, 적대적 목적으로 사용될 경우 위성 파괴나 기능 무력화에 이용될 수 있다. 기생형 위성은 상대 위성에 가까이 붙어 장시간 머무르며 신호를 감청하거나 교란하는 등, 외형상 식별이 어려운 방식으로 정보를 수집하거나 기능을 간섭하는 데 활용된다. 경우에 따라선 해당 위성의 탐지·대응을 회피하는 은밀한 전략 수단이 된다.

러시아는 2021년 코스모스 1408 위성을 지대공 미사일로 파괴하며 국제사회를 놀라게 했다. 이 공격은 1,500개 이상의 우주파편을 생성했고, ISS조차 회피 기동을 해야 했다. 이는 러시아가 우주 공간에서의 물리적 시위와 전략적 억제 메시지를 동시에 추구하고 있음을 보여주는 사례다.[54] 이처럼 물리적 파괴 능력 외에도, 러시아는 접근 기동 위성, 기생형 감시 위성, 전자전 장비를 탑재한 위성 등 다양한 우주작전 수단을 개발·운용해 왔다. 2017년과 2019년에 발사된 '코스모스(Kosmos)' 시리즈 위성들은 궤도상에서 비정상적인 기동(Anomalous Orbital Behaviors)을 반복하며, 타국 위성 근처까지 접근하거나 또 다른 소형 위성을 방출하는 등의 행동을 보여주었다. 이러한 궤도 활동은 단순한 기술 실험을 넘어, 중국처럼 우주 내에서 포획·간섭·감시 능력을 확보하려는 군사적 의도로 의심받고 있다.

북한은 광명성 위성 발사 및 최근의 '만리경' 군사정찰위성 운용을 통해 사실상 ICBM 기술과의 이중 전략을 추구하고 있다. 이러한 활동은 위성 기술 개발을 표방하고 있지만, 실질적으로는 정찰 및 타격능력을 보강하려는 시도이며, 최근 우크라이나 파병을 계기로 러시아와의 기술 협력이 가시화되면서 군사적 파급력이 커지고 있다.[55]

인도는 2019년 Mission Shakti 작전을 통해 자국 위성을 타격하는 ASAT 실험을 성공시켰으며, 이를 통해 중국 견제와 독자적 억제 역량 확보를 동시에 달성하고자 하였다.[56] 이처럼 위성 무력화 전략은 더 이상 일부 국가의 전유물이 아닌, 다극화된 안보 질서 속에서 다양한 국가들이 선택하는 전략적 대응 수단이 되었다.

우주자산 무력화란 단지 위성을 파괴하는 것만이 아니라, 전파 방해, 센서 기능 저하, 궤도 접근 차단 등 다양한 형태의 비물리적 조치도 포함한다. 이는 지상전처럼 명확한 무력 충돌이 아니라, 공격의 의도나 주체가 쉽게 드러나지 않도록 설계된 전략 형태로 나타나기도 한다. 법적·정치적 규범이 충분히 마련되지 않은 우주 영역에서는, 이러한 모호한 행위가 상대방의 기능만을 은밀히 교란시키는 방식으로 진행되며, 이를 흔히 '회색지대 전략(Gray Zone Strategy)'이라고 부른다.[57] 특정 위성에 신호 혼선을 주거나 일시적으로 센서를 마비시키는 행위는 직접적인 파괴 없이도 상대방의 전략적 판단과 대응을 어렵게 만들 수 있으며, 이는 전통적인 무력 사용과는 다른 비대칭 전략으로 평가되기도 한다.

주변국 우주조직 정비와 교리 변화

미국은 2019년 우주군(Space Force)을 창설하며, 우주를 독립된 전장으로 공식화하였다. 기존 공군 우주사령부에서 분리된 우주군은 우주자산 방호, 작전 수행 능력 확보, 우주-사이버 연계 교리 개발 등을 주도하고 있으며, 동시에 우주, 육·해·공, 사이버 등 전 영역을 통합적으로 연계해 작전을 수행할 수 있는 '통합전장교리'도 새롭게 정립하고 있다.[58] 이는 정보의 수집과 분석, 무기 시스템 운용, 통신 및 지휘통제 등에서 우주 영역이 다른 전장과 실시간으로 연동되는 작전환경을 전제로 한 개념으로, 우주를 고립된 영역이 아닌 종합 전투체계의 핵심 축으로 바라보는 전략적 변화라 할 수 있다.

중국은 2015년 전략지원부대(SSF: Strategic Support Force)를 창설하여 우주, 사이버, 전자전 기능을 통합하였고, 비접촉식 전쟁(물리적 접촉을 하지 않고 원거리에서 적을 마비·통제)과 비대칭 전략을 기반으로 한 조기 우위 확보를 목표로 설정하고 있다. 러시아 역시 2015년 기존 공군과 우주군을 통합해 항공우주군(VKS, Vozdushno Kosmicheskiye Sily)을 창설하고, 우주를 포함한 전략 작전환경에 대한 대응체계를 재편했다. 특히 러시아는 미국과 NATO의 정밀타격 및 정보자산에 대응하기 위한 독자적 감시·교란 능력 확보를 핵심 과제로 삼고 있으며, VKS를 통해 이러한 전략 자산들을 통합적·전략적 방식으로 운용하는 체계를 구축하고 있다.[59]

북한은 공식적으로는 과학기술적 우주개발을 표방하지만, 군사정찰위성 확보 및 ICBM 기술 통합 운영을 실질적으로 추진 중이다. 즉, 북한의 군사적 노력은 우주개발과 동시에 한미일을 전략적으로 억제와 압박하는 성격이 강하다. 한편 일본은 2020년 자위대 산하에 '우주작전대(Space Operations Squadron)'를 창설하고, 미국과의 위성 감시·우주 감시 협력을 본격화했다. 이 부대는 자국의 위성 운용을 보호하고, 우주 공간에서의 위협에 대응하는 임무를 맡고 있다. 또한 일본은 독자적인 GPS 보완 체계인 '준천정위성시스템(QZSS)'을 통해 위성항법의 정밀도를 높이는 한편, 이를 군사작전에서도 활용할 수 있도록 다목적 활용 기반을 강화하고 있다.[60] 이 시스템은 특히 동아시아 지역을 중심으로 GPS 신호를 강화하거나 보완함으로써, 통신·항법·표적 식별 등 전략적 활용 가능성을 확대하고 있다.

최근 우크라이나 전쟁은 사이버 공간과 우주기술이 결합된 새로운 전쟁 양상을 보여주는 대표적인 사례로 평가된다. 러시아는 침공 직전, 우크라이나군이 사용하던 Viasat 통신위성을 사이버 공격으로 마비시켜 군 지휘통신망을 무력화시켰고, 이로 인해 초기 방어체계에 큰 혼란이 발생했다. 이에 대응해 우크라이나는 민간 기업 SpaceX의 스타링크(Starlink) 위성 인터넷 시스템을 긴급 도입하여 지휘통신을 신속히 복구하고, 전쟁 내내 위성과 연결된 인터넷 통신망을 통해 작전 통제, 민간 연결, 국제협력을 유지할 수 있었다.[61] 이는 향후 모든 무력 충돌에서 우주-사이버 융합이 전략적 필수가 될 것임을 시사한다.

우주 전투의 불가피성 vs. 평화적 규범

전문가들 사이에서도 우주의 군사화와 관련된 전략적 논쟁은 지속되고 있다. James Clay Moltz는 전략적 불균형 상태에서 비대칭 역량이 충돌로 이어질 가능성이 높다며, 억제력과 대응 수단 확보가 필수라고 주장한다.[62] Barry Posen 역시 "우주 인프라 의존도가 높은 국가일수록 타격에 더 취약하며, 이에 따라 선제적 방어 개념이 부상하고 있다"고 분석한다.

반면, Michael Krepon, Theresa Hitchens 등은 규범 기반의 행동원칙이 더욱 중요하다고 강조한다. 이들은 우주 전투가 촉발되면 전 세계적으로 무차별 피해가 불가피하며, 이러한 '공동 피해 가능성'이 오히려 평화의 억제력이 될 수 있다고 주장한다.[63] 이들의 주장은 단지 이상주의가 아닌, 우주 충돌의 전략적 비효율성에 대한 실증적 분석에서 나온 실용적 제안이라 볼 수도 있다.

우주는 더 이상 단일 국가의 작전 영역이 아니라, 다수 국가와 행위자가 얽힌 복합 전략 공간으로 변화하고 있다. contested 환경은 단지 무력 충돌의 가능성만이 아니라, 규범, 억제, 대응, 공공성 간의 균형을 필요로 하는 전략적 공간이다. 한국은 이러한 환경에서 우주자산 보호 능력과 억제 전략 수립, 그리고 규범 중심의 외교 역량 확보를 동시에 추진해야 하며, 민군 융합 역량과 국제협력 확대가 요구된다. 우주는 갈등과 공공성이 교차하는 '전략의 무대'이며, 이 무대를 어떻게 활용하고 관리하느냐에 따라 향후 국가의 생존성도 달라질 수 있다.

3. 경쟁적인(competitive) 우주환경

과거 미·소 냉전 시기의 경쟁이 체제 우월성과 군사 기술의 상징적 대결이었다면, 오늘날 우주는 기술, 산업, 외교, 안보, 과학, 심지어 윤리까지 포괄하는 전방위적 전략 경쟁의 공간으로 전환되고 있다. 특히 '경쟁적(competitive)'이라는 개념은 단순한 기술력의 경합을 의미하지 않는다. 경쟁은 '누가 더 많은 기술을 보유했는가'를 넘어서, '누가 국제규범을 만들고 유지하며, 우주 질서를 설계하는가'라는 전략적 리더십의 문제로 진화하고 있다. 이제 우주는 단순한 물리적 공간이 아니라, 정치적 영향력과 외교적 연대, 경제적 지배력, 규범 형성 능력까지 포함하는 복합적 전략 무대다. 이 공간에서는 단순한 발사체 경쟁이나 궤도 기술뿐 아니라, 우주를 둘러싼 국제 정치와 전략 질서의 주도권을 둘러싼 다층적 경쟁이 동시에 전개되고 있다.

미·중 전략 경쟁의 연장선에서 전개되는 우주 경쟁

오늘날 가장 주목되는 경쟁 양상은 미국과 중국 사이에서 벌어지고 있는 우주전략 경쟁의 구도다. 미국은 NASA를 중심으로 '아르테미스 프로그램(Artemis Program)'을 추진하며, 달 복귀와 더불어 장기적으로는 달 거주지 건설과 화성 탐사까지를 목표로 하고 있다. 이러한 목표는 '아르테미스 협정(Artemis Accords)'이라는 외교적 프레임으로 결합되어, 다수 국가가 협정에 참여하고 있다.[64] 해당 협정은 자원 채굴, 우주기지 운영, 충돌 방지, 데이터 공유 등 다양한 항목을 포함하여, 단순 탐사 프로젝트를 넘어 '우주 규범의 미국 중심 재정립'이라는 전략적 의미를 담고 있다.

중국은 CNSA(중국국가항천국, NASA에 해당)를 중심으로 국제 달 연구기지(ILRS)를 추진하고 있으며, 러시아와의 협력과 비서구권 연대를 통해 우주 질서의 양극화를 가속하고 있다.[65] 대표적으로 베이더우(北斗, BeiDou) 위성항법 시스템을 아프리카, 중동, 동남아 등에 보급하며, 단순한 기술 수출을 넘어 교통, 통신, 금융 등 우주 기반 생태계의 지리정치적 확산을 꾀하고 있다. 이른바 '우주판 일대일로(一帶一路)'가 구현되고 있는 것이다. 이처럼 미·중 경쟁은 단순한 기술력의 우열을 넘어서, 우주 규범, 외교 전략, 산업 생태계까지 포함하는 포괄적 경쟁 체제로 진입하고 있다.

다극적 경쟁의 현실: 러시아, 유럽, 일본, 인도의 전략적 위상

이러한 미·중 중심의 대립 구도 외에도, 오늘날의 우주는 명백히 다극적 경쟁 체제로 이동하고 있다. 러시아는 유인 우주비행의 원조국가로서 여전히 독자적인 엔진 기술과 유인 발사체 능력을 유지하고 있으며, 국제우주정거장(ISS)의 주요 파트너로 전략적 기반을 보유하고 있다. 유럽연합(EU)과 유럽우주국(ESA)은 갈릴레오 위성항법 시스템, 아리안 발사체, 과학위성 프로그램을 통해 기술과 제도, 정책의 균형을 추구하며,[66] 조약과 원칙 중심의 규범 균형자 역할을 하고 있다. 일본은 JAXA를 중심으로 과학위성, 소행성 탐사, 정밀 통신기술에서 높은 기술력을 보유하고 있으며, 연성안보(비군사적 수단으로 안보달성)와 연계된 우주전략을 정교하게 설계하고 있다. 인도는 찬드라얀(Chandrayaan), 마르스 탐사선(Mangalyaan), 상업 발사체 등을 통해 아시아 지역에서 우월적 기술 확보와 동시에 우주전략 자율성 강화를 추진하고 있다.[67]

경쟁이 촉진한 기술 혁신과 제도적 공백의 확산

우주 경쟁의 가속화는 민간 발사체의 재사용 기술, 초소형 위성, LEO 위성군 구성 등 기술 혁신을 대폭 촉진시켰다. SpaceX의 팰컨 9은 로켓 회수 기술을 상용화하면서, 한때 민간이 감히 넘볼 수 없던 국방 및 전략 위성 시장에까지 진입하며, 정부-민간의 역할 재정립을 가져왔다. 동시에 CubeSat, Mega-Constellation 위성군은 각국의 대학, 연구소, 스타트업까지 우주개발의 문을 두드리게 만들었다.

그러나 이러한 기술 진보에는 제도적 공백과 국제규범의 지연이라는 어두운 면도 있다. 특히 우주파편의 문제는 국제법상 책임귀속이 발사국에 국한되어 있으며, 다자적 피해 보상 체계나 제거 의무는 아직 명확히 정립되지 않았다.[68] 주파수 대역 중복, 궤도 충돌 위험, 데이터 보안 문제 등은 현행 체계로는 감당하기 어려운 수준이다. 기술이 앞서고 제도가 따라오지 못하는 구조는, 우주 질서의 불안정성을 가중시키고 있다.

신흥 우주국의 부상과 선택적 전략의 다양화

최근 두드러지는 흐름 중 하나는 신흥 우주국들의 부상이다. 한국, UAE, 브라질, 이스라엘, 이란, 터키 등은 기술 자립과 산업 육성, 외교 전략을 결합한 복합적 전략을 통해, 단순한 기술 수입국에서 전략적 주체로 전환되고 있다. 한국은 누리호(KSLV-II)의 독자 개발, 실용·군 정찰위성 운영, 아르테미스 협정 참여 등을 통해 산업-안보-외교가 통합된 국가 전략 모델을 모색하고 있다.[69] UAE는 일본과 협력해 화성탐사선 발사에 성공했고, 브라질은 남미 지역의 위성 서비스 거점으로 부상 중이다. 이러한 국가들은 기술력 자체보다는, 전략적 연결성과 정책적 자율성을 기반으로 글로벌 질서 내 틈새 역할과 조율자 역할을 수행하는 방향으로 경쟁에 참여하고 있다.

민간 주도의 경쟁과 기득권 해체

우주 경쟁은 민간 주체에 의해 더욱 가속화되고 있다. SpaceX, OneWeb, Amazon Kuiper 등은 수천 기의 위성을 통한 통신, 감시, 인터넷 서비스망을 구축하면서 기존 국가 중심의 우주 질서에 도전하고 있다. 2022년 우크라이나 전쟁에서 SpaceX의 스타링크는 전장의 통신 인프라로 활용되며, 군사적 의사결정에도 직접 영향을 미치는 민간 위성망의 사례로 주목받았다. 하지만 이처럼 민간의 영향력이 제도보다 앞서가는 상황은 궤도 책임, 충돌 회피, 데이터 보안, 주권 문제 등에서 감시와 감독 시스템의 미비로 이어지고 있다.[70] 이는 이제 단순히 기술 경쟁이 아닌, 제도 설계와 규범 형성의 경쟁으로 우주전략 환경이 진화하고 있음을 보여준다.

경쟁 속 협력: 지속 가능한 전략 환경의 조건

이러한 경쟁의 흐름 속에서도 우주환경은 본질적으로 상호의존적이며, 협력 없는 경쟁은 지속 가능하지 않다는 사실이 점점 분명해지고 있다. 하나의 위성 충돌이 전 세계 항법 시스템에 영향을 줄 수 있고, 태양 폭풍은 전력망·통신망에 전 지구적 피해를 줄 수 있는 만큼, 우주는 경쟁 이전에 공존의 기술과 규범이 필요한 공간이다.

실제로 다음과 같은 영역에서는 많은 국가들이 경쟁을 멈추고 협력을 모색하고 있다. 첫째, 우주파편 제거이다. ESA의 CleanSpace, NASA의 Debris Program, 일본 JAXA, Astroscale 등이 실제 기술 개발 및 제거 임무의 책임 분산 논의에 참여하고 있다. 둘째, 충돌 경고 체계이다. 미국 전략사령부, EU의 EUSST 등이 실시간 데이터 공유 및 감시망을 공동 운영하고 있다. 셋째, 우주기상 대응이다. NASA-SOHO, ESA-Solar Orbiter, 한국 차세대 태양관측 위성 간의 다국적 관측 협력이 이루어지고 있다. 넷째, 재난 대응 위성망 운영이다. Sentinel, 코페르니쿠스, 아리랑 등 고해상 영상 및 데이터 공유 체계의 운영을 추진 중이다.[71] 이러한 협력은 기술 공유를 넘어서, 전략적 신뢰와 규범 형성의 기반이 되고 있다.

전략적 함의: 경쟁의 방향은 리더십의 전략적 선택에 달려 있다

궁극적으로, 이 복잡한 경쟁 환경에서 가장 중요한 것은 기술 그 자체가 아니라, 경쟁을 어떻게 전략적으로 설계하느냐에 달려 있다. 기술은 수단일 뿐이며, 그 기술을 어떤 정책과 제도, 외교 전략에 결합하느냐가 진정한 경쟁력을 결정한다. 기술을 어떻게 산업화하고, 제도화하며, 외교화하는 과정에서 국가의 전략 기획력과 리더십이 시험받게 되며, 그것이 우주 질서의 미래를 좌우하게 될 것이다.

4. 전통적 전략 환경과의 비교

우주전략 환경은 단순히 기술적 변화의 산물이 아니라, 전통적인 전략 환경의 작동원리와 범주를 근본적으로 재검토하게 만든다. 특히 기존 전략 환경이 육상, 해상, 공중이라는 경계가 분명한 공간에서 작동하던 질서였다면, 우주는 그 경계가 물리적으로도, 법적으로도 모호한 공간이다. 따라서 우리는 전략의 고전적 토대를 이루는 '공간 통제' 개념이 우주에서 어떤 방식으로 작동할 수 있는지를 다시 생각해 보아야 한다.

지정학적 주권 질서와 우주 보호구역 논리의 대비

역사적으로 전략 환경은 전쟁이나 군사력의 문제를 넘어, 국가가 자신의 생존을 보장하고 이익을 확보하기 위해 공간과 시간의 조건 속에서 자원을 어떻게 배분하고, 군사력과 외교력을 어떤 방식으로 활용할 것인가를 결정하는 총체적 구조였다. 이러한 환경에서 가장 중요한 기반은 명확한 물리적 경계와 국가 주권이었다.

1648년 베스트팔렌 조약 이후 확립된 근대 국제질서는 국가가 자국 영토 내에서 절대적 권위를 행사할 수 있는 주권 체제를 기반으로 했으며, 이는 곧 전략적 판단과 자원 동원의 전제가 되었다. 영토 확보, 해양 항로 장악, 공중 제해권 확보 등은 전략적 공간 통제의 대표적 사례다. 대영제국은 해양패권을 통해 식민지와 무역로를 장악하며 패권을 유지했고, 냉전기의 미국은 미사일 방어체계와 조기경보 시스템을 통해 본토 방어에 주력하였다. 이러한 사례들은 전략 환경에서 '장소의 고정성'이 전략적 우위 확보의 기본 조건이었음을 보여준다.

그러나 우주는 이러한 전통전략 환경의 논리를 근본적으로 흔들고 있다. 우주는 경계가 불분명하고, 국제법상으로도 주권의 개념이 허용되지 않는 공간이다. 1967년 채택된 「우주조약(Outer Space Treaty)」 제2조는 "어떠한 국가도 우주 공간이나 달을 포함한 천체에 대해 영유권을 주장할 수 없다"고 명시하고 있으며, 이는 우주를 인류 전체의 공동유산으로 간주하는 국제적 합의에 기반한 것이다. 이러한 보호구역 모델은 남극조약이나 공해 조약처럼, 특정 주체의 독점을 방지하고 공공성에 기반한 질서를 유지하려는 의도가 반영된 결과다.

하지만 이러한 이상주의적 규범은 현실의 국가 전략과 충돌하기 시작하고 있다. 중국은 창어-5호 임무를 통해 달 토양을 지구로 반입한 뒤 이를 '국가적 성과'로 강조하며, 달 남극 유인기지 건설 계획까지 공표했다. 미국 역시 아르테미스 프로그램을 중심으로 달 탐사와 자원 활용을 추진 중이며, 이를 뒷받침하는 「상업우주경쟁력법(2015)」과 「Artemis Accords(2020)」 등 법적 장치를 마련했다. 이러한 흐름은 사실상 우주 공간의 선점 경쟁이 현실화되고 있음을 보여주는 사례다. 이는 곧 우주 공간에서도 '지정학적 질서'가 재현될 가능성을 시사한다. 과거의 영토 경쟁이 지상에서 고지(高地)를 점하기 위한 것이었다면, 오늘날에는 라그랑주점, 특정 궤도, 달의 극지방 등 전략적 요충지를 중심으로 한 '우주의 고지 경쟁'이 벌어지고 있다.[72] 따라서 우주 또한 자원, 시간, 공간이 결합된 경쟁의 장으로 진화하고 있으며, 주권이 배제된 공간이라는 기존 인식은 현실 전략의 작동 방식과 점차 괴리를 보이고 있다.

그에 따라 우리는 다음과 같은 전략적 전환 질문을 제기해야 한다. 첫째, 기존 국제법 체계는 우주 공간에서 점차 늘어나는 상업적·군사적 행위들을 어느 정도까지 규율할 수 있는가? 둘째, 물리적 국경을 넘어 디지털, 사이버, 우주까지 전략 공간이 확장되는 시대에 주권의 개념은 어떻게 재정의되어야 하는가? 셋째, 우주를 둘러싼 갈등이 확대될 경우 이를 조정할 다자적 규범과 집행 장치는 어떤 방식으로 정비되어야 하는가? 이러한 고민은 전략의 물리적 대상뿐만 아니라, 전략적 사고 그 자체의 확장을 요구한다. 우주는 새로운 공간이라기보다, 전략이 작동하는 방식 전체를 되돌아보게 만드는 메타전략 공간이기 때문이다.

전략 환경의 공통성과 변화 가능성: VUCA와 전략 요소별 비교

우주전략 환경은 표면적으로는 전통적인 전략 환경과 크게 다른 양상을 보이지만, 전략적 사고의 구성 요소 측면에서는 많은 공통성을 유지하고 있다. 이 공통성과 차이를 통합적으로 이해할 수 있는 개념으로는 VUCA가 자주 인용된다. VUCA는 미 육군전쟁대학(U.S. Army War College)이 냉전 이후의 복합 안보 환경을 설명하기 위해 도입한 개념으로, 변동성(volatility), 불확실성(uncertainty), 복잡성(complexity), 모호성(ambiguity)의 네 요소를 통해 전략 환경의 속성을 정리한다.[73] 이는 특히 우주처럼 복합적인 변수가 얽혀 있는 영역에서 전략 사고를 유도하는 분석 틀로도 활용된다. 전통적 전략 환경에서도 이 네 가지 요소는 존재했지만, 우주전략 환경에서는 기술의 비약적 발전, 다중 행위자의 등장, 규범 미비, 데이터 불균형 등으로 인해 VUCA의 속성이 더욱 강화되어 나타난다.

이러한 VUCA 기반의 전략 요소를 바탕으로 전통전략과 우주전략을 비교하면 다음과 같은 차별성과 확장성을 확인할 수 있다. 첫째, 기동성과 접근성(mobility and access)은 과거에는 병력과 장비의 지리적 이동성 확보를 의미했지만, 우주에서는 궤도 접근 능력, 발사 주기, 재사용 발사체 운영 등 기술 기반의 기동성과 즉응성을 중심으로 진화하고 있다.[74] 근접위성 작전(RPO)은 타국 위성의 감시나 방어까지 아우르는 대표적인 새로운 전략 기동의 방식이 된다.

둘째, 자원 경쟁(resource competition)과 경제 유인도 변화 중이다.

과거 석유, 천연자원 확보가 중심이었다면, 우주에서는 헬륨-3, 희귀 금속, 달의 수빙 등 아직 활용되지 않은 자원이 핵심 전략 자산으로 부상하고 있으며, 미·중·룩셈부르크·UAE 등은 민간 기업과 연계하여 달과 소행성 자원의 채굴 권리를 주장하고 있어, 이를 둘러싼 상업화와 법적 소유권 논쟁이 심화되고 있다.[75]

셋째, 법체계와 거버넌스(legal governance) 측면에서는, 기존의 유엔 체계나 조약 기반 규범이 강제력을 가졌던 반면, 우주에서는 「우주조약」이 여전히 원칙 수준에 머무르고 있으며, 미국의 아르테미스 협정이나 중국의 국제 달기지 제안처럼 새로운 규범 경쟁이 전개되고 있다.

넷째, 안보와 안정(security and stability)이라는 측면에서도 우주는 전통적인 개념과는 다른 양상을 보이고 있다. 냉전 이후의 핵전략이나 군사동맹 체계에서는, 공격에 대한 명확한 보복 가능성(억제력)과 상호확증파괴 개념(MAD)이 일정 수준의 안정성을 유지하는 축이었다. 하지만 우주 공간에서는 이러한 억제 논리가 제대로 작동하지 않기 쉽다. 전자기 교란, 사이버 공격, 근접 위협 등은 명확한 공격 주체 식별이 어렵고, 피해의 범위가 비물리적·비대칭적으로 나타나기 때문에, 전통적인 억제 메커니즘이 적용되기 어렵다.

전략적 사고의 확장을 요구하는 우주

우주는 단순한 '전략 공간의 추가'가 아니라, 전략 자체를 새롭게 구성하게 하는 공간이다. 지상에서 확립된 전략 이론과 작동 방식은 우주에서 물리적·법적·기술적으로 재조정될 필요가 있으며, 이는 단지 전환적 적용이 아니라 전략 사고의 패러다임 전환을 요구한다. 전통적인 전략 환경과의 비교는 그 자체로 의미가 있는 분석이지만, 더 중요한 것은 우주라는 공간이 요구하는 새로운 전략적 감각과 인식의 틀을 갖추는 일이다.

다. 우주활동의 통합적 이해와 균형적 접근

1. 안보, 안전, 안정성, 지속성의 상호관계

왜 이 네 개념을 함께 생각해야 하는가?

우주활동이 본격화된 지 70여 년이 흐른 지금, 우주는 단순한 탐사와 기술 경쟁의 공간을 넘어 안보, 경제, 외교, 환경, 과학이 복합적으로 교차하는 전략 공간으로 자리 잡고 있다.[76] 초기의 우주정책에서는 우주행위자들이 '안보(security)', '안전(safety)', '안정성(stability)', '지속성(sustainability)'을 각각 독립된 기술 및 업무분야나 정책 목표로 분리해 다루었지만, 오늘날의 전략 환경은 이처럼 구분된 사고만으로는 대응할 수 없는 복합성과 상호작용의 구조를 갖고 있다. 실제 군사위성 보호를 위해 안보 중심 전략만을 취할 경우, 이는 타국에 위협으로 인식되어 오히려 전략적 불안정을 초래할 수 있다.[77] 반대로 지속 가능성이나 환경 보호만을 강조하고 안보 고려를 배제한다면, 실질적인 위협에 무방비로 노출될 수 있다.[78] 따라서 우주행위자들에게 안보, 안전, 지속성, 전략적 안정성은 서로 분리되는 개념이 아니라, 전략적 질서를 구성하는 상호보완적인 것으로 이해할 필요가 있다.

저자는 이러한 개념들의 배경 설명과 발전적 방향 제시를 통해 네 개념의 통합적 고려에 대한 독자들의 공감대를 유도하고자 한다.

전략적 판단의 출발점은 위험의 구조를 이해하는 데 있다

우주전략에서 '위험(risk)'은 단일한 개념이 아니라, 서로 다른 위험 원천이 결합하여 형성되는 전략적 판단의 기준 개념이다. 이때 주요한 위험 원천은 '위협(threat)'과 '해저드(hazard)'이며, 각각의 특성과 리스크 전개 경로가 다르기 때문에 이를 명확히 구분하고 이해하는 것이 전략 수립의 출발점이 된다.[79]

'위협(threat)'은 행위자의 의도를 전제로 하는 위험으로, 특정 국가나 행위자가 타인의 우주자산이나 기능에 해를 끼치려는 수단과 의지를 갖춘 경우를 의미한다.[80] 대표적인 사례로는 자주 언급되는 2007년 중국의 위성요격(ASAT) 실험이 있다. 이는 우주기술의 성능 과시로 포장되었지만 사실상 생성된 수천 개의 파편은 장기적인 안보 위협을 가하는 것과 마찬가지였다.[81]

반면, '해저드(hazard)'는 의도성이 없는 자연적·기술적·운용적 위험 요인을 포함한다.[82] 태양 폭풍, 자기장 교란, 자연적인 우주파편 등 외부 환경 요인뿐 아니라, 위성 시스템의 고장, 설계 결함, 통신 오류, 소프트웨어 버그, 운용 실수 등도 모두 해저드에 포함된다.

NASA와 ISO 등 주요 안전 및 리스크 관리 기준에서는 이러한 기술적·운용적 실패 요소를 해저드로 정의하며, 실제 우주 임무에서의 많은 실패 사례가 이러한 내부적 요인에서 비롯되기도 한다.[83]

실제 1998년 NASA의 마스 클라이메이트 오비터(MCO) 임무(화성의 대기와 기후 연구) 실패는 단위 변환 오류로 인한 소프트웨어 오작동이라는 해저드로 인해 우주선이 소실된 대표적인 사례다. 이러한 해저드는 적절히 통제되지 않을 경우 사고(accident)로 이어지며, 이 사고가 발생할 가능성과 그로 인한 영향의 크기를 함께 고려한 것이 바로 리스크(risk)로 평가된다. 동시에, 위협 역시 행위자의 의도된 행동이 실제로 발생할 가능성과 그 결과를 함께 고려한 전략적 리스크 판단의 대상이다. 즉, 위험(risk)은 단지 사고 위험만을 의미하는 것이 아니라, 위협과 해저드라는 서로 다른 경로를 통해 현실화될 수 있는 피해 가능성의 총체적 개념이다.

이러한 맥락에서, 해저드 기반 리스크의 대응 사례로 2019년 ESA가 스타링크 위성과의 충돌 가능성에 대응해 궤도를 선제적으로 조정한 조치를 들 수 있다.[84] 이는 의도성이 없는 해저드 기반 리스크에 대한 전략적 판단과 대응이 실제 행동으로 전환된 대표적 사례다. 한편, 위협 기반 리스크는 적대적 의도를 가진 행위자의 직접적인 접근 또는 간섭 가능성에 초점을 두며, 안보 정책 및 방위 전략에 정교하게 반영할 필요가 있는 부분이다.

안보(security)와 안전(safety) : 대응 대상은 다르지만 목적은 같다

안보(security)는 국가의 자산이나 기능이 타국의 의도된 공격으로부터 위협받지 않도록 하기 위한 정책적·군사적 대응 체계를 의미한다.[85] 특히 우주 영역에서 안보는 위성 교란, 통신 차단, GPS 왜곡, 사이버 공격 등 다양한 수단으로 나타날 수 있으며, 이를 기존의 국가안보와 동등하게 다루는 경향이 강화되고 있다. 미국은 2019년 우주군(Space Force)을 창설하여 우주안보를 독립적 작전 영역으로 설정했으며, 러시아, 중국 등도 이에 대응하여 위성 방어·공격 능력을 증강하고 있다.

안전(safety)은 고의적 공격이 아닌, 우주환경 자체의 위험(파편 충돌, 방사선 등)이나 운용상 사고를 방지하기 위한 기술적·관리적 체계를 말한다.[86] 이는 주로 우주 임무의 안정성과 생존성 확보를 목적으로 하며, NASA, ESA 등은 임무 전 안전 인증 체계를 갖추고 있고, 민간 기업들은 파편 제거, 자동 충돌 회피 시스템, 궤도 통제 기술 등을 개발하여 우주 교통안전(SSA/STM) 확보에 기여하고 있다. 이 두 개념은 각각 의도적 위협(security)과 비고의적 위험 요인(safety)에 대응하지만, 공통적으로 우주활동의 안정성과 지속성을 확보하는 목표에 기여한다.

안정성(stability) : 전략 환경의 질서 기반

우주전략 활동에서 '안정성(stability)'은 단지 평온한 상태를 의미하지 않는다. 이 개념은 우주 공간 내 활동이 예측 가능하고, 불확실성이나 오해 없이 상호조율이 가능한 상태, 즉, 다양한 우주행위자들이 전략 질서 속에서 기능할 수 있도록 보장되는 구조적 기반을 뜻한다.[87] 따라서 안정성은 군사적 억제만으로 유지되는 것이 아니라, 안보, 안전, 지속성이 균형 있게 작동하고, 기술적 기반, 제도적 관리, 그리고 정보 공유를 통해 우주활동이 예측 가능하고 조율 가능한 상태로 유지되는 것을 의미한다.[88]

특히 민간 기업, 국가, 국제기구 등 다양한 행위자가 동시에 활동하는 오늘날의 우주환경에서는, 행위자 간 의도와 해석의 차이로 인해 오해와 오판이 발생할 가능성이 높아지고 있으며, 안정성이 결여될 경우 근접 작전이나 통신 교란, 파편 충돌 등을 통해 전략적 긴장이 고조될 수 있다.[89] 따라서 안정성은 어느 한 영역이나 특정 행위자가 전담할 수 있는 것이 아니라, 모든 우주행위자가 공동으로 책임지고 유지해야 하는 전략 질서의 공통 기반이다.

전략적 안정성(strategic stability): 안정성을 유지하기 위한 정책적 설계 구조

이와 같은 안정적인 상태를 유지하기 위한 전략적 체계로서 등장하는 개념이 바로 전략적 안정성(strategic stability)이다. 전략적 안정성은 본래 냉전 시기 미국과 소련 간의 핵 억제 체제에서 발전한 개념으로, 상호확증파괴(MAD: Mutually Assured Destruction) 원칙을 통해 전면적 충돌을 억제하는 전략이었다.[90] 따라서 전략적 안정성은 보통 두 가지 중요한 전제를 바탕으로 유지된다. 하나는 어느 한 국가가 압도적인 군사적 우위를 점하지 않아야 한다는 것으로, 이는 힘의 균형(Balance of Power)을 통해 상호견제가 가능해야 함을 의미한다. 또 다른 하나는 억제 의사를 전달하는 신호가 분명하고 신뢰할 수 있어야 한다는 점으로, 이는 상대가 공격 시에 확실한 보복이 뒤따를 것이라는 믿음을 갖게 해야 함을 뜻한다.[91]

하지만 이러한 전략적 안정성 개념은 오늘날 우주전략 환경에서는 제한적으로만 적용된다. 왜냐하면 우주는 군사, 민간, 과학, 상업 등 다양한 주체가 함께 활동하는 복합적 공간일 뿐 아니라, 위협의 형태 또한 과거의 핵무기처럼 명확히 식별되는 방식이 아니라, 근접위성 기동(RPO), 사이버 교란, GPS 간섭 등과 같은 은밀하고 지속적인 저강도 행위로 구성되기 때문이다.[92] 더 나아가, 이러한 충돌이나 위협은 경우에 따라 의도된 공격이 아니라 시스템 오류나 기술적 결함에서 비롯될 수도 있어, 억제 신호의 명확성과 신뢰성 또한 그만큼 약화되는 한계를 갖는다.[93]

따라서 이런 맥락에서 전략적 안정성은 기존 군사 중심의 억제 개념을 넘어서, 복합적 위험 환경에서 질서와 충돌 예방 구조를 지속적으로 조정하는 전략 설계 체계로 재구성되어야 할 필요성이 있다.

지속성(sustainability): 질서 유지의 장기 전략

지속성은 단순히 우주환경을 보호하는 차원을 넘어, 우주 공간이 장기적으로도 안정적이고 예측 가능하게 활용될 수 있도록 하는 법적, 정책적, 기술적 기반의 체계적인 구축을 의미한다. 먼저, 법적 측면에서는 2019년 유엔우주국(UNOOSA)이 발표한 우주활동의 장기적 지속 가능성 가이드라인(LTS Guidelines)이 대표적 사례로, 지속 가능한 우주운용을 위한 국제적 기준을 제시하고 있다. 정책적 측면에서는 궤도 등록 시스템의 투명성 제고, 우주파편 감축을 위한 규범 마련, 민간 간 정보 공유 체계 구축 등이 포함된다. 기술적 측면에서는 우주교통관리(STM), 자동 충돌 회피 기술, 충돌 예측 시스템 등 다양한 위험 대응 및 운용 효율화 기술의 개발과 적용이 지속성 확보의 핵심 요소로 작용한다.[94]

오늘날 뉴스페이스 시대에 들어서면서, 지속성 개념은 더욱 복합적인 방향으로 확장되고 있다. 우주 공간이 더 이상 국가만의 영역이 아닌, 민간 기업의 경제활동과 사업 모델이 빠르게 확산되는 상업 생태계의 일부가 되면서, 상업성과 지속 가능성 간의 조율이 핵심 과제로 부상하고 있다. 민간 기업들은 위성통신, 데이터 서비스, 우주 관광 등에서 혁신을 이끌고 있지만, 이로 인해 저궤도(LEO) 혼잡성 증가, 파편 발생 가능성, 자원 선점 경쟁 등의 문제가 우주환경 보호와는 다소 충돌할 수 있는 구조를 낳고 있다. 그러나 이 두 가치(경제활동과 환경 지속성)는 상호 배타적이지 않다. 오히려 지속 가능한 방식의 우주개발은 장기적으로 상업 활동 자체의 기반을 지켜주는 전략적 조건이 된다. 따라서 지속성은 단순한 '보존'의 개념이 아니라, 우주경제의 안정성과 국제 신뢰 기반을 함께 유지하기 위한 복합 전략 축으로 이해되어야 한다.

통합적 사고의 방향 제시

앞에서 언급한 바와 같이 복합 우주전략 환경 속에서 안보, 안전, 안정성, 지속성은 분리된 요소가 아니라, 상호 간에 영향을 주고받으며, 전략적으로 통합 조율 되어야 하는 구조로 존재한다. 이를 위해 필요한 것이 바로 통합적 전략 사고이다. 저자는 이러한 관점에서 안정된 상태에서 불필요한 긴장 고조나 충돌을 예방하던 과거 전략적 안정성과는 다른 '확장된 전략적 안정성(Expanded Strategic Stability)'이라는 새로운 용어를 제시하고자 한다. 물론 이것을 통해 기존의 군사 억제 중심의 전략적 안정성 개념을 대체하려는 의도는 없으며 당장은 전략적 안정성이라는 기존 용어 사용에도 혼란이 발생할 수 있다는 우려도 잘 알고 있다. 다만 변화된 우주전략 환경에 맞추어 다양한 리스크 요인과 행위자 간의 긴장과 협력을 균형 있게 조정할 수 있는 전략 틀을 모색하는 차원에서 안보, 안전, 안정성과 기존의 전략적 안정성을 포괄하는 용어를 '확장된 전략적 안정성'으로 제시하는 것이다. 이러한 통합적 접근은 정책 간 조율력과 리스크 관리의 정합성을 높이며, 국제협력과 규범 정착 과정에서도 한국과 같은 중견 우주국이 보다 실질적인 역할을 수행할 수 있는 기반 형성에 도움이 될 수 있을 것으로 본다.

2. 국내외 정치적 고려사항: 정치적 시각과 전략적 균형

우주전략은 단지 기술이나 과학의 문제가 아니라, 철저히 정치적 판단의 산물이다. 인간의 손과 기술이 미치는 우주 공간의 운영은 결국 지상에서 벌어지는 권력관계, 이념적 대립, 제도적 갈등, 시장의 이해관계에 의해 결정되며, 따라서 전략 설계에 있어 정치적 시각과 태도는 결정적인 영향을 미친다. 한국 사회는 특히 이 부분에서 정치적 양극화 구조와 정부 부처 간 협력 부족이나 정책 방향의 일관성 결여 같은 '정책의 분절성' 문제에 직면해 있다. 이를 해결하기 위해서는 우주정책에 내재된 다양한 정치사조 즉, 현실주의, 제도주의, 기술결정주의, 신자유주의, 사회상호주의 사이의 구조적 차이와 상호견제 관계를 파악할 필요가 있다.

현실주의와 제도주의: 경쟁과 협력을 논하다

현실주의(Realism)는 국가안보와 주권의 방어를 정책의 최우선 가치로 두는 전통적인 국제정치 시각으로, 우주를 하나의 전략적 생쟁공간으로 해석한다. 현실주의에 따르면 국제사회는 본질적으로 무정부 상태이며, 국가 간 신뢰보다는 힘의 균형(Balance of Power)에 의존해 질서를 유지한다고 본다.95) 이런 배경에서 우주는 단순한 과학탐사의 무대가 아니라, 지구상에서 벌어지는 군사적 경쟁과 자원 확보의 연장선으로 인식되며, 우주기술은 국가이익의 수단이자 안보 도구로 활용된다.

중국의 '우주굴기(宇宙崛起)' 전략은 현실주의의 대표 사례다. 중국은 우주역량을 국가의 생존 및 발전의 도구로 간주하며, 달기지 건설이나 ASAT(Anti-Satellite) 기술 개발 등을 통해 실질적인 군사·정치 영향력을 추구하고 있다. 이는 미국의 우주군(Space Force) 창설, GPS 독점 강화, 동맹국과의 공동우주방위 협력으로 이어지며 일종의 우주판 안보 딜레마를 형성하고 있다.

반면 제도주의(Institutionalism)는 갈등보다는 규범, 제도, 협력을 통해 장기적인 안정과 공공의 이익을 추구할 수 있다고 본다.96) 이 시각은 국제우주정거장(ISS), 1967년 「우주조약(Outer Space Treaty)」, UN 산하의 외기권문제위원회(COPUOS)와 같은 다자체제의 탄생 배경에 내재되어 있다. 제도주의는 협력의 틀을 통해 정보 공유와 규범 정착, 위기관리가 가능하다고 보지만, 동시에 강제력의 미약함과 민간 영역의 통제 한계라는 구조적 약점도 분명히 가지고 있다. 이처럼 현실주의와 제도주의는 서로 대립되기보다는 전략 환경의 상반된 해석과 접근법을 제시하고 있다고 이해해야 하며, 우주정책도 이 둘의 균형 속에서 설계되어야 한다.

기술주의와 신자유주의: 미래주의와 상업주의의 결합

기술결정주의(Technological Determinism)는 기술이 사회 구조를 변화시키고 정책 방향을 결정한다는 관점으로, 민간 주도의 우주산업 발전이 대표적 사례다.[97] 스페이스X의 재사용 발사체는 기존의 고비용 구조를 혁신적으로 전환시켰으며, 이 기술 발전은 시장 경쟁을 통해 '우주 대중화'라는 새로운 흐름을 이끌어 냈다. 이러한 기술주의는 종종 신자유주의(Neoliberalism)와 결합되어, 정부의 역할을 최소화하고 시장 자율에 맡기자는 상업주의(Commercialism)로 발전한다. 민간 우주기업이 과거에는 불가능했던 영역(정찰, 통신, 항법, 심지어 군사작전)을 담당하면서, 우주 공간이 상업화된 인프라 네트워크로 재편되고 있다.

그러나 이와 같은 흐름에는 분명한 정치적 함의가 있다. 스타링크 위성망이 우크라이나 전쟁에서 전쟁도구로 사용된 사례처럼, 민간 기술이 전략적 자산으로 전용되면서 공공성과 책임성의 경계가 모호해지고 있다. 이에 따라 국제사회는 민간 위성의 군사이용 제한, 우주 사이버보안 규제, 주파수 자원 분배의 투명성 확보 등을 위한 법적 틀을 논의 중이다.[98] 다만, 이런 논의가 현존 위협과 대치하고 있는 국가에게 안보적 차원에서 완전히 수용되기 어려운 측면이 분명히 존재한다.

이러한 흐름에 거리를 두는 입장에서 등장하는 것이 사회상호주의(Social Interdependence)이다. 이 시각은 기술이 인간 사회 전체에 미치는 영향을 고려해야 하며, 공공 이익, 정보의 개방성, 규범적 책임이 함께 보장되어야 한다는 철학적 태도를 갖는다.[99] 우주시대가 발전함에 우주전략은 혁신과 시장 중심의 접근뿐 아니라, 사회적 가치와 책임성이라는 공공성을 도모할 필요가 있다.

한국의 정치문화와 민군 및 민관 관계: 전략 통합의 과제

한국 사회의 정치문화는 비교적 강한 이념 분화를 내포하고 있으며, 우주전략 영역도 예외는 아니다. 전통적인 민군 이분법적 사고방식은 안보를 군의 독점 영역으로, 과학기술을 민간의 책임으로 구분하는 경향을 낳아왔다. 이는 우주안보와 우주산업 간의 전략적 통합을 어렵게 만드는 요인이기도 하다. 한국의 군 전용통신위성(아나시스-II)은 프랑스 에어버스가 제작하고 미국의 스페이스X가 발사했다. 이는 국제협력의 긍정적 사례이기도 하지만, 동시에 국내 민군 협업의 미비와 해외 의존적 구조의 한계를 보여주는 상징적 장면이기도 하다. NASA와 미국 국방부는 민간 파트너십을 제도화하여 DARPA와 스타트업 간 공동연구를 추진하는 반면, 한국은 아직도 정책 설계 단계에서 부처 간 조율 부족, 민간 참여 제약, 일관성 결여 등의 문제를 안고 있다.[100] 향후 한국은 과기정통부, 국방부, 외교부, 산업부 등이 유기적으로 협력할 수 있는 정책 중간조정기구 또는 범부처 전략협의체를 마련해야 하며, 이를 통해 민군 협력뿐 아니라 기술 – 외교 – 산업의 전략통합을 도모해야 한다.

전략적 균형을 위한 정치적 성찰

우주정책은 단지 기술 개발을 위한 기술정책이 아니다. 그 이면에는 군사력과 외교력, 제도 설계와 시장 전략, 사회적 책임과 규범 수립이라는 정치적 판단이 존재한다. 전략의 설계는 반드시 이러한 다양한 정치사조 간의 균형 위에서 이뤄져야 하며, 그렇지 않을 경우 특정 이념이나 집단의 이해에 치우쳐 국민적 신뢰와 정책 지속성을 상실할 수 있다.

오늘날 한국이 처한 가장 큰 도전은 정치적 시각의 이분법뿐만 아니라, 전략적 통합의 부족이다. 현실주의가 안보 위협을 해석하는 통찰을 제공한다면, 제도주의는 협력과 규범 정착의 가능성을 제시한다. 기술주의는 혁신의 원동력이지만, 사회상호주의는 그것의 공공적 정당성을 보완한다. 이러한 상이한 시각들이 모여 전략적 균형을 이루고, 국민적 공감대를 바탕으로 정책을 추진할 때, 우주전략은 비로소 미래 세대를 위한 장기적 자산으로 발전할 수 있다.

III. 우주 발전 전략 수립

: 무엇을,
　무엇으로,
　어떻게

"우주를 향한 우리의 선택은 방향 없는 탐험이 아니라
　　　　　　　미래를 설계하는 일이다"

빌 넬슨(나사 국장)

가. 전략의 목표 · 방법 · 수단 구상

1. 전략의 사전분석

전략이란 단지 미래를 위한 기술적 계획이 아니라, 미래를 능동적으로 형성하려는 선택이며, 그 선택의 타당성과 실행 가능성은 철저한 분석을 통해 확보된다. 특히 우주처럼 불확실성과 복합성이 고도로 집적된 전략 환경에서는, 모든 전략은 사전에 이루어지는 정밀한 전략적 분석(Strategic Appraisal) 위에서만 유효하게 작동할 수 있다. 전략적 분석은 단순한 상황 설명이 아니라, 전략 수립의 기반이 되는 핵심 개념인 목표(Ends), 수단(Means), 방법(Ways)을 도출하는 전제이며, 전략가에게는 국가이익을 구조화하고 이를 행동으로 전환시키는 사유의 틀로 작동한다.

전략 수립의 출발점: 전략적 자극과 요구의 인식

전략은 항상 '왜 지금 전략이 필요한가'라는 질문에서 출발해야 한다. 이 질문에 대한 답은 환경 변화라는 외적 자극(stimulus)과 정책적 결핍이나 내부 제약의 인식이라는 내적 요구(requirement)에서 비롯된다. 한국의 경우, 북한의 위성 발사 및 EMP 위협, 중국의 위성항법체계 확산, 러시아의 우주-사이버 융합작전, 민간 우주기업의 급부상, 규범경쟁의 심화 등은 모두 전략 수립의 필요성을 제기하는 현실적 자극이 된다. 과거 2007년 중국의 지상기반 대위성무기(ASAT) 실험은 국제사회에 '우주 공간이 더 이상 절대적으로 평화로운 공간이 아님'을 각인시켰고, 이는 미국의 우주전략 전면 재정비로 이어졌다[1]는 사실에서도 확인할 수 있다.

이러한 자극은 전략 수립의 출발점을 제공할 뿐만 아니라, 전략이 정당성을 갖고 추진력을 얻을 수 있도록 하는 논리적 근거를 형성한다. 전략은 그 자체로 목적이 될 수 없으며, 언제나 자극과 요구에 대한 응답으로서 존재해야 한다.

국가이익의 식별과 구체화

전략적 분석의 핵심은 국가이익의 식별이다. 국가이익이란 외부세계 속에서 국가가 지켜내고자 하는 핵심 가치와 바람직한 상태를 의미하며, 전략의 모든 판단과 우선순위는 이 틀 안에서 정당화된다. Donald E. Nuechterlein은 이를 '본토 방어', '경제 번영', '우호적 국제질서의 유지', '국가 가치의 촉진'이라는 네 가지 범주로 제시하였다.[2] 한국의 우주전략에서도 이와 같은 국가이익의 분류에 따라 저자는 생존 이익(북한의 우주위협 대응), 경제적 이익(우주산업 육성), 국제질서 및 가치 촉진(국제협력 참여와 규범 주도) 등을 핵심이익으로 선정하였다. 특히 이러한 이익은 법적·정치적 문서뿐 아니라, 대통령의 연설, 정부 계획서, 헌법 전문 등에서도 드러나며, 전략가는 이를 해석하고 구체화해야 할 책임을 가진다.

이익 간 우선순위의 구조화

모든 이익을 동등하게 추구할 수는 없다. 전략 수립은 자원과 시간이라는 제약 조건하에서 이루어지며, 이에 따라 이익 간 우선순위를 정하는 작업이 필수적이다. Nuechterlein은 이를 생존(survival), 필수(vital), 중요한(important), 부수적(peripheral) 이익으로 구분하였다. 한국의 경우, 북한의 EMP 위협과 GPS 교란 시도를 통해 우리의 통신·정찰 인프라 보호가 '생존 이익'으로 전환되고 있음을 보여준다.[3] 반면, 우주교육 확대나 이미지 제고 등은 현재로서는 부수적 이익으로 보일 수 있으나, 전략적 장기성 측면에서는 중요한 이익으로 격상될 가능성이 충분하다.

정보 분석과 전략 요소 도출

전략적 분석은 정보위에 구축되며, 이 정보는 단순한 사실의 나열이 아니라, 현실의 동향을 해석하고 예측 가능한 미래를 구성하기 위한 기초 자료다. 우주 분야는 비공개 정보, 민간 기술의 군사 전용, 민군 간 정보 단절 등으로 인해 불확실성과 왜곡 가능성이 큰 영역이다. 따라서 전략가는 정량적 데이터와 정성적 통찰을 동시에 활용하여 전략 환경을 판단해야 하며, 전략적 요소(strategic factors)를 식별하고 상호작용 구조를 도출해야 한다. 전략 요소는 정치환경, 법·제도, 기술격차, 국제연대, 국내 산업기반, 민군 협력 등 매우 다양하며, 이들 중 어떤 요소를 핵심으로 보느냐에 따라 전략의 방향과 실행 방식이 결정된다.

전략의 실질적 구성: 목표, 수단, 방법의 정합성 확보

모든 전략은 궁극적으로 목표(Ends), 수단(Means), 방법(Ways)의 조화를 요구한다. 전략의 목표는 국가이익의 실현이며, 수단은 이를 가능하게 하는 자원이고, 방법은 실행 경로이자 선택의 기획이다. 예를 들어, 한국이 독자적 위성항법체계(KPS) 구축이라는 전략 목표를 설정할 경우, 기술 확보와 글로벌 협력이 전략 방법이 되며, 예산, 인력, 제도 정비가 그 수단이 된다. 이러한 정합성 확보는 전략이 염두 판단에 그치지 않고 실제 정책과 연계되어 작동할 수 있게 만드는 관건이다.

한국의 우주위협 평가 및 산업 전망: 전략 실행의 현실적 조건

한국을 둘러싼 우주위협 평가

한국의 주변국인 중국, 러시아, 북한은 각기 다른 체계와 수준으로 우주작전 역량을 확보하고 있으며, 이들이 보유한 능력은 발사체 개발부터 사이버 공격에 이르기까지 전 영역에 걸쳐 한반도 안보에 영향을 미칠 수 있는 잠재적 위협으로 평가된다. 다음은 이들 국가의 주요 우주작전 능력에 대해 「CSIS 위협평가 2024」를 기반으로[4] 작성한 여섯 가지 기준의 분석 및 평가 내용이다.

우주발사 능력(Space Launch)

중국은 장정(Changzheng, 長征) 시리즈를 기반으로 연간 60회 이상 위성을 발사할 수 있을 정도의 우주발사 인프라를 보유하고 있으며, 군과 민간이 함께 위성을 만들고 발사하는 통합체계를 운영하고 있다. 이로 인해 필요시 위성을 신속히 제작하고 발사할 수 있으며, 한 번에 여러 개의 위성을 연결해 운용하는 '위성군(群)'을 효과적으로 구축할 수 있다. 최근에는 재사용형 발사체 개발에도 박차를 가하고 있으며, 위성군 운용의 자립성과 속도 면에서 미국과 대등한 수준에 근접해 있다.

러시아는 소유스(Soyuz), 앙가라(Angara) 발사체를 활용해 안정적인 발사를 수행하고 있지만, 기술 혁신과 민간 협력 측면에서는 정체 상태이며, 제재와 기술 부품 부족으로 장기적 경쟁력에 의문이 제기되는 상황이다. 그럼에도 불구하고 군사위성 중심의 발사 역량은 유지하고 있어, 전시 상황에서 제한적이지만 목표 지향적인 작전 수행이 가능한 수준으로 판단된다.

북한은 과거 광명성 시리즈 위성을 비롯해, 최근에는 '천리마-1형' 발사체를 이용한 군사정찰위성 발사를 시도하고 있다. 2023년에는 '만리경-1호' 위성의 궤도 진입에 성공을 발표하고 군사적 위성 기술 보유를 주장하기도 했다. 이는 자국의 군사력을 과시하고 우주기술을 외교·전략적 레버리지로 활용하려는 의도로 해석된다.

인공위성 운용 능력

중국은 700기 이상의 위성을 운용하고 있으며, 이 중 상당수가 정찰·통신·항법 등 군사적 목적을 수행할 수 있는 능력을 갖추고 있다. 특히 BeiDou(베이더우) 위성항법 시스템은 자국의 GPS 독립성을 넘어서 동남아, 아프리카, 중동 국가에 보급되며 위성 기반 외교 전략으로 활용되고 있다.

러시아는 GLONASS 항법 위성 체계를 통해 군사 항법 서비스를 제공하고 있으며, 군용 정찰 및 통신위성을 중심으로 약 160기 정도의 위성을 운용 중이다. 다만, 노후 위성의 교체 속도나 신형 위성 배치는 중국에 비해 느린 편이며, 위성군의 기술적 다양성도 제한적이다.

북한의 위성 운용 능력은 아직 초보적 수준에 머물러 있다. 그러나 북한은 실제 운용 능력과 관계없이 인공위성 발사를 통해 한국과 동맹국에 대한 심리적·전략적 억지 효과를 도모하고 있다. 최근 우크라이나 전쟁에서 북러 간 군사적 협력을 통해 향후 북한의 인공위성을 포함한 우주능력은 더 향상될 것으로 예상된다.

물리적 공격 능력(ASAT 포함)

중국은 2007년, 자국 위성을 지상에서 발사한 미사일로 요격해 실제로 파괴하는 실험을 실시한 이후, 궤도 내에서 위성 간의 근접 접근을 가능하게 하는 기동형 위성 기술을 지속적으로 발전시켜 왔다. 현재는 단순 파괴를 넘어, 위성이 목표 위성에 가까이 다가가 기능을 방해하거나 센서를 무력화하는 비파괴적 제거 방식까지 염두에 둔 시나리오를 실험하고 있는 것으로 알려져 있다. 이러한 능력은 우주 공간 내에서 위성 기동을 기반으로 한 정밀 작전, 즉 '전술적 무력 사용' 가능성을 높이는 요소로 평가된다.

러시아는 지상에서 발사하여 위성을 파괴할 수 있는 미사일(ASAT)을 보유하고 있으며, 이미 위성요격을 실험한 바 있다. 또, '인스펙터 위성'이라는 기동형 위성을 이용해 다른 나라 위성 가까이 접근하는 행동도 여러 차례 보여주었다. 이런 움직임은 단순한 기술 테스트가 아니라, 전시에는 실제로 상대 위성을 마비시키거나 감시할 수 있다는 위협 신호를 보내는 전략적인 행동으로 해석된다.

북한은 아직 ASAT 실험을 실시한 적은 없지만, 중거리 탄도미사일 기술의 전용 가능성이 제기되고 있으며, 의지만 있다면 기본적인 궤도 교란 또는 위성 접근 시도가 가능할 수 있는 수준으로 평가된다. 특히 관련 기술이 중·러를 포함한 3국으로부터 비밀리에 유입될 가능성이 우려되고 있다.

비물리적 공격 능력(레이저, EMP, 마이크로파)

중국은 고출력 레이저 및 마이크로파 무기를 개발 중이며, 이는 위성 센서를 광학적으로 무력화하거나(dazzling), 회로를 마비시켜 일시적 정지 상태를 유도할 수 있다. 이러한 비물리적 공격은 실제 파괴 없이도 위성 기능을 정지시켜 전술적 우위를 확보할 수 있는 수단으로 활용된다.

러시아는 과거부터 핵 EMP 시나리오 연구 및 고고도 전자기펄스(HEMP) 효과 분석을 지속해 왔으며, 실전 사용 가능성은 낮지만 전략적 억제 수단으로 활용할 수 있는 여지는 남아 있다.

북한은 EMP 공격 시나리오를 자주 언급하고 있으며, 고고도 핵실험을 통해 EMP를 유발하는 잠재적 의도가 있는 것으로 보인다. 비록 실현 가능성은 낮지만, 심리전 차원에서 민감한 반응을 유도하거나 실제 위기 상황에서 한미동맹과 주변국에 협박카드로 활용할 수 있다.

미국의 핵 공중실험 결과

구분	내용
명칭	Starfish Prime (고고도 핵실험 프로그램)
목적	고고도 핵폭발이 전자기파(EMP)에 미치는 영향과 위성 및 통신체계 영향 분석
일시	1962년 7월 9일
폭발고도	약 400km 상공 (지구의 저궤도 구역)
폭발위력	1.4 메가톤 (히로시마 원폭의 약 100배 위력) * 미 지구물리학회(AGU)학술지: 북한의 6차 핵실험 위력은 히로시마 원폭의 16배 위력 평가
EMP 영향범위	반경 약 1,400km 이상, 하와이 전역
피해사례	하와이(실험지점에서 1,300km 거리) ① 거리조명 300개 이상 고장 ② 전화교환기 고장 ③ 송전선 차단
정책적 영향	이후 고고도 핵실험 금지 추진 → 1963년 부분 핵실험 금지조약(PTBT) 체결 세계 각국의 EMP 방어체계 연구 시작

〈도표 3-1〉 미국의 핵 공중실험 결과(북 EMP 공격상황 유추 자료)
출처: 미 DoD 소속 EMP Commission Report, 2016,
미 DoD 소속 Defense Nuclear Agency, 1962(現 미국방부 위협감소국, DTRA)

전자전 능력(재밍, 스푸핑)

중국은 위성 신호 교란(재밍) 및 위성항법 신호 왜곡(스푸핑) 능력을 보유하고 있으며, 이는 정찰·통신·항법 위성의 기능을 일시적으로 마비시킬 수 있다. 중국 전략지원부대(SSF)는 전자전 전담 부대를 갖추고 전자전 체계를 운용하고 있다.

러시아는 우크라이나 전쟁에서 Starlink 통신망 교란, GPS 재밍 등 전자전 역량을 실제 전장에 적용하며 그 효용성을 입증한 바 있다. 특히, 지상기반 전자전 장비의 기동성과 지역 중심 전자파 통제 능력을 고려해 볼 때 위기 시 한반도 전역에 영향을 미칠 수 있다.

북한은 이미 수차례에 걸쳐 GPS 교란 장비를 휴전선 근접 지역에 배치하고 항공·해상 운송에 직접적인 영향을 준 바 있다. 이는 전자전이 현실적으로 언제든 작동할 수 있는 위협 수단임을 보여주는 사례이며, 확산 범위와 지속 시간에 따라 전·평시 전술적 효과가 상당할 것으로 평가된다.

사이버 공격 능력

중국은 우주 관련 지상국, 통신망, 데이터처리 시설에 대한 지능형 해킹을 수행할 수 있는 역량을 보유하고 있으며, 위성 통제 시스템 침투 및 데이터 조작 등 복합 사이버전 수행 능력을 확보하고 있는 것으로 평가된다.

러시아는 2022년 우크라이나 전쟁 발발 직전 Viasat 위성망을 해킹하여 통신망을 마비시킨 사례를 통해 우주 기반 자산에 대한 사이버 공격이 전면전 개시와 연계될 수 있음을 입증하였다.

북한은 국가수준의 사이버전 조직을 운영하고 있으며, 위성 관련 타국 기관에 대한 해킹 사례가 다수 보고되었다. 특히, 미국 NASA와 유럽우주국(ESA)의 하청업체 및 협력 기업들을 대상으로, 북한 해커들이 피싱 공격과 정보 수집 시도를 벌인 사례가 잘 알려져 있다.[5] 이러한 공격은 주요 기관 그 자체보다 보안이 상대적으로 취약한 관련 업체나 학술 협력기관을 노리는 공급망(supply chain) 해킹 전략의 일환으로 분석된다. 또한 북한이 러시아나 중국과의 기술협력 가능성이 존재한다는 점에서 위협 수준은 단순한 기술력 이상으로 평가된다.

이러한 복합적 우주위협은 단순한 기술경쟁을 넘어, '전장으로서의 우주'라는 새로운 사고를 요구한다.

중·러·북의 우주위협평가

위협수준	매우높음	높음	중간	낮음	없음
범례/색상	●	●	●	●	✖

구분	중국		러시아		북한	
1. 위성 요격 무기 (ASAT)	정밀 기동 위성 및 미사일 ASAT, 지상 기반 레이저 등 다중 수단 보유	●	실전테스트 경험, 핵 기반 가능성 제기	●	탄도 미사일 통한 간접 위협만 존재	●
2. 전자전 (재밍 / 스푸핑)	GPS·위성통신 교란 능력 강화	●	실전 사용, GPS 신호교란 기술 보유	●	국지적 GPS 교란 능력 수준	●
3. 사이버 공격	위성 제어 시스템 해킹 능력 강화 중	●	민간 위성망 해킹 사례 있음	●	기술력 제한, 잠재위협 존재	●
4. 우주 감시 및 정찰 (SSA)	위성 감시·추적 능력 고도화	●	근접 기동을 통한 정찰 능력	●	초보적 정찰위성 실험 단계	●
5. 궤도상 기동성 / 위협 위성	근접 기동형 위성 다수, 물리 간섭 가능성	●	제한된 근접 기동 능력	●	해당 기술 미보유	●
6. 핵 기반 우주무기	없음	✖	핵 기반 위성 무기 가능성 제기	●	없음	✖
7. 국제규범 위반 가능성	투명성 부족, 위협적 기동	●	파편 발생 등 비책임적 행동 이력	●	국제 규범·통신 절차 미준수	●

〈도표 3-2〉 중 · 러 · 북의 우주위협평가
출처: CSIS Space Threat Assessment, 2024

우주경제의 확산과 한국의 시장 진입

글로벌 우주경제는 빠르게 팽창하고 있으며, Morgan Stanley는 2040년까지 1조 달러 규모에 도달할 것으로 전망한다.[6] 위성통신,

정찰, 우주관광, 자원 개발 등 다양한 분야에서 민간이 주도권을 잡고 있으며, 미국은 SpaceX, 중국은 우주판 일대일로를 통해 국가 전략과 상업 모델을 결합하고 있다.

한국은 누리호(KSLV-II)의 발사 성공을 통해 자력 발사 능력을 확보하였고, 위성 영상 해석, 플랫폼 수출, 발사체 부품 등의 분야에서 민간 기업들이 진입하고 있다. 2024년 기준 한국의 우주산업 시장 규모는 약 4조 1,000억 원(약 30억 달러)으로, 세계 우주경제 전체에서 차지하는 비중은 약 0.4% 내외에 해당한다.[7] 이는 미국(약 470조 원), 중국(약 90조 원), 유럽(약 70조 원) 등과 비교하면 아직 초기 단계이며, 규모 면에서는 전 세계 15위권 내외 수준으로 평가된다. 그러나 최근 5년간 연평균 10% 이상의 성장률을 기록하고 있으며, 정부 주도의 기술 개발 외에도 민간 위성 수출, 위성영상 데이터 서비스, 발사체 부품 공급 등 상업화 기반의 수익 창출 모델이 등장하고 있다.

한국 우주산업에서는 한화에어로스페이스가 대표적 주자로 부상하고 있다. 이 회사는 누리호(KSLV-II) 개발 참여를 통해 발사체 엔진 제작과 발사 시스템 운영 능력을 확보했으며, 최근에는 독자 위성 개발, 소형 발사체 프로젝트, 우주방산 통합 전략 등을 추진하면서 한국형 우주산업 생태계의 중추 기업으로 자리 잡고 있다. 한화는 향후 민간 위성통신망 구축, 소형 위성 군 운용 사업까지 영역을 확장할 계획을 갖고 있어, 국내 우주 비즈니스 모델 실현 가능성을 실질적으로 이끄는 주요 기업으로 평가된다.

한국 기업 중에서는 쎄트렉아이가 고해상도 위성 이미지 판매를 통해 아시아 및 중동 시장에 진출하고 있으며, 인공위성 플랫폼 자체 수출도 확대 중이다. 또 다른 스타트업 이노스페이스는 소형 발사체의 수출 가능성을 브라질 및 동남아 시장을 대상으로 실험하고 있다. 이는 아직 시장이 미성숙한 단계이지만, 한국형 우주 비즈니스 모델이 현실화될 수 있는 기반이 점차 마련되고 있음을 보여주는 지표로 해석된다.

그러나 한국의 우주산업은 빠른 성장에도 불구하고, 여전히 해결해야 할 다음과 같은 구조적인 제약 요인들을 안고 있다.[8] 첫째, 정책 일관성 부족은 우주개발 전략과 예산 집행이 부처별로 분산되어 통합적으로 작동하지 못하는 구조에서 비롯된다. 정부 교체 시 중장기 계획이 단절되거나 우선순위가 바뀌는 경우도 잦아, 정책의 안정적인 추진이 어렵다.

둘째, 민간의 진입장벽이 높다는 점도 큰 문제다. 우주산업 초기 단계의 기업들은 자본과 기술력 확보에 한계가 있지만, 현재의 정부 주도 R&D 체계는 이들을 실질적으로 포용하기 어려운 구조다. 이에 따라 민간 주도의 혁신은 활성화되기 어려운 상황이다.

셋째, 전문 인력의 양성과 배치 문제도 심각하다. 인력은 일부 연구기관에 편중되어 있고, 산업계와 학계의 연계도 미흡하여 현장 수요에 부합하는 인재 육성이 어렵다. 장기적으로 이는 우주산업 생태계 전반의 경쟁력을 저해할 수 있다.

넷째, 법·제도의 미비 역시 산업 확장에 걸림돌이 되고 있다. 예컨대 지식재산권 보호, 민간 우주보험 제도, 우주 책임 법제 등 핵심 제도들이 아직 정비되지 않아, 국제협력이나 글로벌 시장 진출에 제약이 발생하고 있다.

결론적으로 한국 우주산업이 성장 기반을 갖춰가고 있는 현재 상황에서 제도·정책·시장 측면의 장애물을 넘어설 때만이 진정한 '우주 강국'으로 도약이 가능할 것이다.

2. 전략의 목표

앞서 살펴본 전략적 사전분석은 왜 전략이 필요한지에 대한 자극과 요구를 식별하고, 국가이익이 무엇인지 분명히 하며, 그 이익을 둘러싼 전략 환경이 어떻게 구성되어 있는지를 체계적으로 분석했다. 이런 분석을 바탕으로 전략이 어떤 방향으로 가야 하는지에 대한 논리적인 이유와 틀을 마련하게 된다. 이러한 분석을 토대로 구체화되어야 할 다음 단계가 바로 전략 목표의 설정이다.

전략의 목표는 전략 자체뿐만 아니라 국가정책 실행의 정당성과 방향성을 제공하는 기준점으로도 기능한다. 이는 국가이익을 전략으로 구체화하고, 정책 수단과 행동계획을 일관되게 설계할 수 있도록 돕는 전략의 핵심 가치이기도 하다. 따라서 전략 목표는 방향성(directionality), 가치 지향성(value orientation), 정책 정합성(alignment), 실행 가능성(feasibility)을 균형 있게 고려해야 실질적인 전략 설계가 가능하다.[9]

예를 들어, 우리나라가 '2050년 탄소중립'이라는 전략 목표를 설정하면, 이는 단순한 환경정책뿐만 아니라 산업, 에너지, 교통, 외교 등 다양한 정책들이 일관된 방향으로 설계되고 추진되도록 유도하게 된다. 각 정책은 이 목표와 정합성을 이루도록 조정되고, 이를 통해 정책 간 충돌을 피하면서 전략적으로 통합된 국가 행동을 가능하게 한다. 이처럼 전략 목표는 정책을 지휘하거나 통제하기보다, 정책들의 조화와 방향성을 유도하는 기준점 역할을 하게 되는 것이다.[10]

전략 목표 설정 시 앞에서 언급한 바와 같이 국가이익과 전략 환경에 대한 정합성과 지속 가능성을 확보하기 위해서는 다음과 같은 여러 요소들을 복합적으로 고려할 필요가 있다.

첫째, 전략 목표는 국가 전체의 정책 체계와 수직적으로 정렬되어야 한다. 이는 해당 전략이 상위 정책 문서들과 일관된 방향성을 유지하면서, 하위 정책 및 실행 계획의 기준점으로 기능해야 함을 의미한다. 만약 우주 분야에서 '지속 가능한 우주활동 보장'이라는 전략 목표를 수립한다고 가정한다면, 이 목표는 「국가안보전략서」에 제시된 지속 가능한 안보환경 조성, 「과학기술기본계획」에서 강조하는 기술 주권 확보와 혁신 생태계 조성, 그리고 「우주개발진흥기본계획」의 우주산업 육성 등과 서로 논리적으로 연결되고 일관된 흐름으로 이어져야 한다. 즉, 전략 목표는 다른 정책들과 동떨어져 따로 존재할 수 없으며, 국가의 큰 전략과 잘 연결되어 있어야 한다. 그래야만 여러 정책이 한 방향으로 움직이고, 실제로 실행에

옮길 수 있는 힘을 가질 수 있다.[11]

둘째, 목표는 변화 가능성이 높은 기술 및 국제 환경에 유연하게 대응할 수 있어야 한다. 너무 경직된 목표는 기술 발전의 방향이나 외교적 상황 변화에 신속히 적응하지 못하고 전략적 복원력(strategic resilience)을 떨어뜨릴 수 있다. 유럽우주청(ESA)의 '유럽 시민의 삶의 질 향상'이라는 목표는 다층적 해석이 가능하도록 설계된 대표적인 예이다.[12] 그러나 국가별로 언어와 문화의 수준이 상이하므로 이러한 표현을 모범으로 단정해서는 안 된다.

셋째, 전략적 목표는 시간과 실행 조건을 고려한 구조적 틀 안에서 설정되어야 한다. 이를 위해 단기, 중기, 장기라는 구간별 목표 체계를 구체화하면 전략의 실행 가능성을 높이고, 자원 배분과 정책 우선순위 설정에도 명확한 기준을 마련할 수 있다. 한국이 '2035년까지 독자적 위성항법 시스템을 확보한다'는 장기 목표가 있다면, 이를 달성하기 위해서는 먼저 기술적 기반 확보(단기), 관련 법제도 정비 및 시험위성 운용(중기), 민간의 기술 개발 참여 유도(중장기) 등의 세부 목표들이 계단식으로 연계되어야 한다.[13] 이러한 단계적 설계는 중간에 기술 변화나 외부 변수에도 유연하게 조정할 수 있는 기반이 된다.

넷째, 전략 목표는 반드시 전략의 출발점인 '문제 인식'에서 출발해야 한다. 어떤 문제를 해결하기 위한 전략인지가 명확하지 않으면, 목표가 겉보기엔 그럴듯하지만 실제로는 자원과 시간만 낭비하게 된다. 다시 말해 '우주안보역량 강화'라는 목표는 단지 우리를 안심시키는 구호에서 출발하는 것이 아니라, 중국의 위성요격(ASAT) 실험이나 북한의 정찰위성 발사 같은 구체적 위협에 대한 대응 전략에서 도출되어야 한다. 즉, 전략은 '무엇을 위해서' 시작되었는지를 기준 삼아야 하고, 목표는 그 문제를 '정확히 해결할 수 있는 형태'로 구체화되어야 한다.[14]

다섯째, 전략 목표는 정치적 리더십의 국정 철학이나 정책 기조와 조화를 이뤄야 한다. 전략은 단순한 기술적 계획이 아니라, 정책 결정자가 주도하는 정치적 실행 계획의 일부이기 때문에, 최고 지도자의 비전과 일관성을 갖출 때 실행력이 높아진다. 과거 한국 정부가 '2030년대 우주 강국 도약'을 국정과제로 채택하면서, 2032년 한국형 우주탐사선 발사 계획을 공식화했다. 이는 단순한 기술 목표를 넘어, 국가의 미래산업 투자 방향 및 민간 우주산업 활성화 정책과도 연결되는 정치적 철학과 전략이 함께 작동한 사례라 할 수 있다.[15]

여섯째, 전략 목표는 반드시 국제 환경과의 연계 속에서 설정되어야 한다. 특히 우주는 군사, 민간, 상업이 혼합된 글로벌 거버넌스 영역이기 때문에, 전략 목표가 동맹국의 전략 방향이나 국제규범과 조화를 이루지 못하면 실행 단계에서 외교적·기술적 한계에 직면할 수 있다. 일본은 미국과 긴밀한 전략 연계를 통해 '자유롭고 열린 우주 공간'이라는 공동 목표를 수립함으로써, 외교적 정당성과 정책 집행 기반을 동시에 확보하고 있다.[16] 반면, 한국은 다양한 우주협력을 추진하고 있음에도 불구하고, 국제 전략 기조에 맞춘 명확한 목표 언어나 공동 전략 틀이 상대적으로 약한 편이다.

한국 우주전략의 3대 목표 예시

한국은 현재의 전략 환경에서 국가이익을 중심으로 다음의 세 가지 중·장기적 우주전략 목표를 설정할 수 있다. ① 안보 기반 자율성 확보, ② 산업기반 성장과 기술주권 실현, ③ 국제사회 내 책임 있는 우주국가로의 전환. 이 세 가지는 서로 보완적이며, 각각에 대한 전략적 접근은 다음과 같다.

목표 1: 국가안보 기반의 우주자율성 확보

지금 우리는 더 이상 우주를 '기술 개발'이나 '과학적 탐사'의 대상으로만 여길 수 없다. 북한의 탄도 위협과 EMP 공격 가능성, 중국과 러시아의 본격적인 우주군사화 흐름은 우주 공간이 실제 안보의 최전선이 되고 있음을 보여주고 있다. 전통적인 감시·정찰 자산의 확장으로서가 아니라, 전시 작전환경의 핵심 인프라로 우주가 기능하는 시대에, 한국도 독자적 우주자율성을 확보해야 할 때다. 전략적으로 본다면 이는 단지 군사위성의 확보가 아니라, 우주 기반 작전환경을 감시·경보·대응까지 포괄할 수 있는 구조를 갖추는 일이다. 단기직으로는 정찰 및 감시 위성체계의 실전 배치, 민군이 공동으로 활용 가능한 우주 상황인식(SSA) 정보망 구축이 시급하며, 중기적으로는 우주위협 조기경보체계 및 자동화 분석체계 확보, 장기적으로는 한국형 우주작전능력 및 우주방어시스템의 독자화가 필요하다. 그 기반 위에서만 전시작전권 전환 이후에도, 우리는 국가 스스로를 지킬 수 있는 실질적 자율성을 확보할 수 있을 것이다.

목표 2: 전략 산업으로서의 우주경제 기반 조성과 확장

우주는 이제 경제의 최전선이자, 산업 전략의 분기점이 되고 있다. Morgan Stanley를 비롯한 주요 글로벌 투자기관은 우주경제가 2040년까지 약 1조 달러에 이를 것으로 전망하며, 이는 단순한 부풀려진 기대가 아니라 이미 시장에서 현실로 나타나고 있다. 한국 역시 누리호 발사 성공과 정밀영상위성 수출 등을 통해 의미 있는 성과를 내고 있으나, 우주산업의 내실과 구조적 기반은 여전히 취약하다. 전체 GDP 대비 0.2% 남짓한 현재 우주산업의 규모는 성장 가능성을 품고 있는 반면, 제도와 생태계의 기반은 아직 확립되지 못한 상태다. 따라서 이 목표는 단순히 수출이나 기술 자립만을 이야기하는 것이 아니다. 우주산업을 ICT, 방위산업, 디지털 경제와 연결된 전략 산업으로 재편하고, 이를 통해 민간의 참여를 촉진하며 자율적 생태계를 구축하는 것이 핵심이다.

단기적으로는 민간 기업의 진입을 위한 R&D 자금 및 규제 유연화, 중기적으로는 위성 및 발사체 국산화율 80% 달성, 장기적으로는 위성통신, 궤도상 서비스, 우주데이터 기반 산업 등 차세대 산업

군으로의 확장을 통해 세계 우주시장 점유율 확보의 기반을 마련할 수 있을 것이다. 이는 단지 경제성장의 수단이 아닌, 기술 주권과 전략 자율성의 경제적 버팀목이 될 수 있다.

우주경제의 주요부문정의

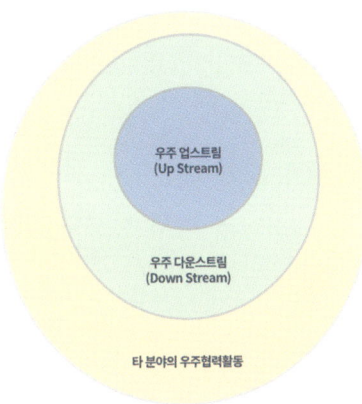

범위		활동내역
업스트림	• 우주프로그램의 과학 및 기술적 기초 제공 • 우주인프라의 제작과 생산	• 기본 및 응용 연구 • 과학 및 엔지니어링 제공 • 물자 및 구성품 제공 • 우주장비 및 세부 시스템 설계 및 생산 • 시스템 통합 및 우주발사
다운스트림	• 일일 우주 인프라의 운영과 다양한 우주신호 및 데이터의 지구전송 활동	• 우주와 지상 우주관련 시스템 운용 • 우주 소비자에게 장비 및 관련제품 제공 • 우주소비자에 필요한 서비스 제공 (예, 위성 TV 방송)
타분야협력	• 우주기술 자체개발 및 이전을 받은 기존 생산업체	• 우주 기술에 기반한 활동/ 생산품 및 서비스 생산 (예, 우주기술 장착 자동차, 우주 실험을 통한 신약 개발)

〈도표 3-3〉 우주경제의 주요 부문 정의
출처: OECD Handbook, 2022

목표 3: 국제규범 형성과 다자협력 주도

우주는 물리적 공간이지만, 그 질서는 정치적 규범과 협력의 방식에 의해 형성된다. 지금까지 우리는 선진국이 주도하는 규범과 협정에 따라 움직이는 '수용자'의 역할을 주로 맡아왔다. 그러나 이제는 그 위치에서 한 걸음 나아가, 책임 있는 중견국가로서 '설계자'와 '조정자'의 역할을 자임할 필요가 있다. 이 목표는 단지 외교적 명분만을 위한 것이 아니다. 우주에서도 신뢰를 기반으로 한 전략적 연대가 중요해지고 있으며, 여기에 능동적으로 참여하고 이끌어 가는 국가는 향후 협상과 질서 형성에서도 주도권을 확보할 수 있다.

단기적으로는 아르테미스 협정의 구체 이행 계획 수립과 SSA·STM 정보공유 체계 참여가 필요하며, 중기적으로는 우주위험 대응 네트워크 및 충돌 방지 공동프로토콜 참여, 장기적으로는 동아시아 다자협력체 제안 및 주도를 통해 지역적 우주 질서의 중심축으로 자리매김할 수 있다.

우주는 고립적으로 설계할 수 있는 공간이 아니다. 결국 우리가 스스로 질서를 만들어 가지 않으면, 남이 만든 질서에 편입되는 선택밖에 남지 않는다.

3. 전략의 방법

'방법(Ways/Concept)'의 의미와 역할

전략에서 말하는 '방법(Ways)' 또는 '개념(Concept)'은 단순한 지시나 방향 제시에 그치는 것이 아니라, 목표(Ends)를 달성하기 위해 사용 가능한 수단(Means)을 어떠한 구조로 활용할지를 설명하는 사고의 틀이다. 이는 국가의 자원과 수단을 통해 구체적이고 실질적인 효과를 창출하고자 하는 실행 방식의 설계도이자 지침에 해당한다. 다시 말해, 전략의 방법은 '무엇을 할 것인가'에 대한 선언이 아니라, 목표 달성을 위한 '어떻게'의 해답을 행동 언어로 풀어낸 체계적 구성이어야 하며, 실천 가능한 방향성과 행동의 범위를 명확히 규정해 주는 역할을 수행한다.

이러한 전략의 방법은 전략 계층의 구조 내에서 상위 전략 개념과 하위 실행부서 간을 연결해 주는 중요한 매개가 된다. 상위 전략 수준에서 제시된 방법은 하위 제대나 부서들이 자체적으로 목표를 설정하고 실행 계획을 수립하는 데에 기준이 되며, 그 과정에서 어떤 자원이 필요하고 어떤 협업과 조정이 요구되는지를 자연스럽게 알려주게 된다. 이로 인해 하위 제대는 단지 '무엇을 수행해야 하는가'라는 지시만이 아니라, '왜 그러한 방식으로 수행해야 하는가'에 대한 상위 전략의 맥락을 이해할 수 있게 된다. 결과적으로 이러한 흐름은 전략 전반의 통합성과 일관성을 강화하는 데 크게 기여한다.

그러나 이러한 방법이 하위 제대의 세부 실행 목표로 그대로 전이되어서는 안 된다. 상위 전략이 지나치게 구체화되면 하위 집행 단위는 자신들의 환경과 능력, 과제를 고려한 창의적 대응을 설계하기가 어렵게 된다. 전략이 성공하기 위해서는 일정 수준 이상의 유연성을 갖춰야 하며, 하위 조직이 자율성을 바탕으로 변화하는 상황에 적절히 적응할 수 있어야 한다. 그렇지 않으면 전략은 오히려 하위 조직의 창의성과 적응력을 억제하는 틀이 되어, 급변하는 전략 환경에 효과적으로 대응하지 못하는 구조적 실패로 이어질 수 있다.

또한 전략의 방법은 방정식이 아니라, 외부 환경 변화에 따라 조정이 가능한 구조여야 한다. 초기의 개념이 현실과 어긋나기 시작하면, 이에 즉각적으로 반응하여 수정할 수 있는 유연성과 개방성이 필요한 것이다. 전략은 정적인 매뉴얼이 아니라, 지속적인 점검과 갱신이 요구되는 역동적 프로세스이기 때문이다.

전략적 방법은 명확하고
행동 지향적인 언어로 구성되어야 한다

전략에서 '방법'이라는 용어는 본질적으로 '방향'보다는 '행위'에 가까운 개념이다. 따라서 전략의 방법은 구체적이고 실행 가능하며, 실제 정책 또는 작전의 행동으로 전환될 수 있는 언어로 서술되어야 한다. 이는 하위 부서와 실행기관들이 자신들의 과업을 어떻게 구체화하고 실천에 옮겨야 할지를 명확히 이해할 수 있도록 돕는 필수 조건이다. 전략이 모호하고 추상적인 언어로 구성될 경우, 현장에서는 이를 해석하는 데 혼선이 생기며, 실행은 의도와 어긋날 가능성이 높아진다. 예를 들어, "자율적 우주역량을 강화한다"는 문구는 표면적으로는 전략적 방향을 제시하고 있지만, 구체적으로 어떤 행동이나 기술적 조치가 필요한지를 판단하기에는 다소 어렵다. 반면 "우주상황인식(SSA)을 고도화하여 통합우주작전능력을 확보한다"는 표현은 기술적 초점과 행동 방향이 명확하여, 전략 기획자나 실행 주체가 보다 구체적인 계획을 수립하고 실행할 수 있게 만든다. 결국 전략의 방법은 선언적인 언어가 아니라, 실행 지향적 언어로 서술되어야 전략과 실행 사이의 단절을 최소화할 수 있다.

전략적 방법 예시 및 목표와의 연계

다음에 소개되는 네 가지 전략적 방법은 앞서 제시된 전략 목표들을 현실적으로 실현하기 위한 실행 계획이다. 각 전략은 한국 우주정책의 핵심 분야인 안보, 기술, 산업, 국제규범이라는 네 가지 방향성과 대응되며, 이를 통해 전략 목표가 어떻게 구체적인 행동으로 이어질 수 있는지를 보여준다.

전략적 방법 1: 우주동맹 강화 및 안보 협력 체계 구축
(전략 목표 1: 국가안보 기반의 우주자율성 확보와 직접 연계)

우주 공간은 단순한 과학기술의 무대가 아니라, 전략적 안보의 핵심 공간으로 빠르게 전환되고 있다. 한국은 이러한 변화에 대응하여 기존의 한미 군사동맹을 우주 분야로 확장해 나가고 있으며, 미 우주군과의 협력, 정보 공유, 위협 감시 및 우주작전 연계체계를 구축하는 등 다양한 분야에서 전략적 파트너십을 강화하고 있다. 이는 독자적으로 확보하기 어려운 감시·정찰 역량, 위협 분석 시스템, 미사일 조기경보체계 등의 고도화에 실질적으로 기여하고 있다.

이 전략적 방법은 국가안보를 중심으로 한 자율성 확보에 직접적으로 연결된다. 우주역량의 자립은 고립적 기술 개발로만 이루어질 수 없으며, 핵심 동맹국과의 전략적 자산 공유를 통해 공동의 방어·대응 역량을 확장함으로써 현실적 자율성을 확보하는 방식이다. 나아가 이러한 협력은 전략 자산의 배치와 운용에도 영향을 미치며, 미래 한국형 우주 기반 감시·정찰체계 구축을 위한 전환점이 된다.

전략적 방법 2: 우주자산의 복원력 및 상황인식 능력 강화
(전략 목표 1과 직접 연계, 전략 목표 2와 간접 연계)

우주 공간에서의 위협은 날로 다양화되고 있으며, 이에 따라 우주자산은 언제든지 물리적 공격, 전자기 교란, 자연재해 등에 노출될 수 있다. 따라서 위성체의 기능장애나 사고 발생 시 신속하게 복구하거나 대체 가능한 복원력(resilience), 그리고 위협을 조기에 감지하고 대응할 수 있는 우주상황인식(SSA) 능력의 확보는 국가우주전략의 핵심 과제가 된다. 이 방법들은 안보 중심의 우주자율성을 실현하는 데 필수적인 기술 기반을 제공한다. 회복력과 SSA는 독립적으로 작동하는 것이 아니라, 민간 기술, 인공지능 기반 분석 시스템, 다중 궤도 분산 배치 등과 결합될 때 그 효과가 배가된다. 따라서 이 방법은 기술적 자율성과 방어 역량을 동시에 강화하며, 동시에 민간 기술의 활용이라는 측면에서 전략 목표 2에도 간접적인 기여를 하게 된다.

전략적 방법 3: 우주산업 에코시스템 기반 조성 및 지속 가능한 우주경제 구축(전략 목표 2와 직접 연계, 전략 목표 3과 간접 연계)

우주를 국가 전략 산업으로 육성하고, 지속 가능한 우주경제를 실현하기 위해 한국이 가장 먼저 해결해야 할 과제는 단일 기술의 확보나 단일 사업의 성공을 넘어서는 통합적 산업 기반, 즉 '우주산업 에코시스템(Space Industry Ecosystem)'의 구축이다. 그러나 이 개념을 보다 정확하게 이해하기 위해서는 먼저 '밸류체인(value chain)'과

'에코시스템(ecosystem)'의 차이를 구분할 필요가 있다.

밸류체인은 특정 제품이나 서비스가 만들어지고 전달되는 과정을 연속적이고 선형적으로 구성한 가치 생산 흐름이다. 우주산업에서의 밸류체인은 일반적으로 ① 기초연구, ② 부품 및 위성체 제조, ③ 발사, ④ 운용 및 데이터 수집, ⑤ 응용 서비스 제공이라는 단계별 구조로 설명되며,[17] 각 단계는 전후방 연계와 효율성을 중심으로 설계된다.

반면, 에코시스템은 이처럼 정해진 선형 구조를 넘어서 산업 구성 요소들이 상호의존적으로 작용하고, 자생적·복원적으로 발전하는 다차원적 구조[18]를 의미한다. 기술, 데이터, 시장, 제도, 투자, 환경 등 다양한 영역이 수평적으로 상호작용 하며 지속적으로 순환하는 구조로서, 외부 변화에 유연하게 대응하고 구성원 간 협력과 경쟁이 동시에 일어나는 동태적 시스템[19]이라 할 수 있다.

밸류체인이 '어떻게 만들고 공급할 것인가'에 초점을 맞췄다면, 에코시스템은 '어떻게 함께 성장하고 지속할 것인가'에 초점을 둔다. 특히 우주산업처럼 다기능·다부처·다주체가 결합되는 복합 공간에서는 밸류체인만으로는 산업의 전략적 통합이 어렵고, 에코시스템 기반 접근이 보다 현실적이며 지속 가능한 전략이 될 수 있다.[20] 이러한 이유로 한국형 우주전략은 개별 기술 개발 중심을 넘어서 우주산업 전체가 유기적으로 작동하는 에코시스템 중심 전략으로 전환되어야 한다. 이는 기술 성장만을 위한 것이 아니라, 우주산업을 통해 국가 전략자산을 형성하고, 과학외교, 안보, 환경, 산업 주권을 통합적으로 운영하기 위한 기반이기도 하다.

국제적으로도 이 같은 접근은 확산되고 있다. 세계경제포럼(World Economic Forum)은 우주산업 에코시스템을 다섯 가지 핵심 축으로 구성된 통합적 구조로 정의한다.[21] 첫 번째는 기술 기반으로, 우주산업의 직접적 토대를 형성하는 발사체, 위성체, 운용 인프라 등 핵심 하드웨어와 운용 능력을 의미한다. 두 번째는 데이터 인프라로, 위성 운용 이후 수신된 정보를 처리하고 활용할 수 있는 지상국, 분석 플랫폼, 공공 데이터 허브 등이 해당한다. 이러한 인프라는 효율적인 데이터 흐름과 다양한 가치를 만들어낸다. 세 번째는 응용 시장으로, 위성 데이터를 기반으로 한 통신, 원격탐사, 환경 모니터링 등 다양한 분야의 서비스 산업을 포함한다. 이는 위성 인프라가 디지털 기술과 결합되며, 데이터 기반 경제활동의 핵심 자산으로 활용되고 있음을 의미한다. 네 번째는 제도와 정책 영역으로, 우주산업의 성장을 제도적으로 뒷받침하기 위한 법제도, 규제 환경, 기술이전 체계, 그리고 조세·투자 인센티브 등의 정책적 기반이 이에 해당한다. 마지막으로 다섯 번째는 지속 가능성과 규범 체계로, 우주파편 대응, 국제 협약 참여, 우주책임 구조 확립 등을 통해 국제사회와의 협력을 유지하고, 우주환경의 장기적인 안정성을 도모하는 역할을 수행한다.

한국은 현재 발사체 및 위성체 분야에서는 일정 수준의 기술 자립을 이루었지만, 데이터 활용 체계, 응용 서비스, 민간 투자 유도,

제도·정책 연계, 국제 지속성 기준 부합 등 다른 구성 요소에서는 여전히 분절적이고 취약한 구조를 보이고 있다. 민간 기업들이 데이터를 자유롭게 활용하지 못하거나, 국제 기준에 부합하는 환경·책임 체계를 구축하지 못한 상황에서 우주경제의 성장은 제한될 수밖에 없다.

따라서 한국형 우주산업 에코시스템은 위 다섯 가지 요소를 전략적으로 균형 있게 발전시키는 방향으로 정책이 설계되어야 하며, 이를 위해서는 단일 부처나 기업이 아닌, 정부 주도의 전략 조정 플랫폼이 필수적이다.

여기에 저자는 한 가지 요소를 추가할 필요성이 있다고 생각한다. 그것은 바로 '환경성(environmentality)'이다. 현재 세계경제포럼이나 OECD 등의 우주산업 에코시스템 논의에서는 환경 요소가 간접적으로만 언급되거나 부수적인 수준에 머물러 있다. 그러나 최근 세계 경제 전반이 환경(environment), 사회(social), 지배구조(governance) 등 지속 가능성과 책임경영을 핵심으로 하는 ESG 원칙을 중심으로 재편되는 흐름 속에서,[22] 우주산업 역시 단순한 기술 중심의 개발을 넘어서, 지구 환경 보전은 물론 우주환경의 지속 가능성까지 포괄적으로 고려하는 책임 기반 산업 전략으로의 전환이 요구되고 있다.

우주 발사로 인한 탄소 배출, 고고도 오염, 우주파편 증가 문제 등은 기술 관리 차원을 넘어 국제사회와의 책임 공유 및 환경 거버넌스의 일부로 통합되어야 한다. 이는 우주산업이 단기 성장 전략이 아닌, 지속 가능하고 국제사회에서 신뢰받는 국가 전략 산업으로 자리 잡기 위한 기본 전제이다. 따라서 한국형 우주산업 에코시스템은 기존 5대 요소에 더해, 환경과 책임을 중심으로 한 여섯 번째 요소를 전략적으로 포함시켜야 한다. 이를 통해 한국은 기술 확보뿐 아니라 전략 조정 능력, 책임 있는 운영 체계, 국제규범 선도국으로서의 위상을 동시에 강화할 수 있을 것이다.

전략적 방법 4: 우주 질서 및 규범 형성을 위한 다자 외교 전략
(전략 목표 3: 국제규범 형성과 다자협력 주도와 직접 연계)

우주는 인류의 공동 자산이면서, 동시에 기술 경쟁과 군사적 긴장이 교차하는 전략적 공간이다. 이처럼 복합적 이해관계가 작용하는 환경에서, 한국은 단순 참여국을 넘어 국제규범의 설계자이자 조정자 역할로 진입하려는 전략적 목표를 갖고 있다. 이를 위해 아르테미스 협정 참여 확대, UN COPUOS의 규범 논의 적극 주도, 국제우주연맹(IAF: International Astronautical Federation)을 통한 기술·정책 어젠다 제안 확대 등은 주요 수단이 될 수 있다.

이러한 외교 전략은 우주의 평화적 이용과 지속 가능성 보장을 통해 한국의 국제적 위상을 제고하는 수단이 될 뿐 아니라, 민간 우주산업의 해외 진출, 우주데이터 통상(국가 간 데이터 유통·제공·사용에 대한 규칙 수립 및 거래), 우주윤리 제안 등에서 국제적 협상력을 확보하는 기반이 된다. 즉, 이 전략은 기술력이 아닌 외교력으로 우주 역량을 확장하는 방식이며, 전략 목표 3의 실현을 위한 구체적 실행 경로이다.

[전략적 보완방법] 전략적 방법의 실행을 가능하게 하는 통합 기반 조성

전략이 효과적으로 작동하기 위해서는 그 전략들을 실행 가능한 환경으로 연결하는 통합적 기반이 필요하다. 앞서 제시된 네 가지 전략이 각자의 방향성과 목표를 지녔다면, 이 보완 전략은 이들을 하나의 전략 시스템으로 통합하고 조정하는 운영 설계에 해당한다. 현재 한국 우주전략의 가장 큰 실행상 과제 중 하나는 부처 간 기능의 중복과 연계 부족이다. 과학기술, 국방, 산업, 외교가 각각 우주 관련 정책을 추진하고 있으나, 자원 배분과 정책 일관성 측면에서 충돌과 비효율이 지속되고 있다. 이에 대한 해법은 국가우주전략위원회 상설화, 국무조정실 중심의 전략 조정 기능 강화, 중앙-지방-민간 간 연계 구조의 체계화 등이다.

또한, 민군 간 기술 협력의 제도화는 전략 목표 1의 기술-작전 융합과 목표 2의 산업화 추진을 동시에 지원하는 핵심 수단이다. 이 보완 전략은 단순한 행정 조율을 넘어, 전략의 실행 가능성과 지속가능성을 보장하는 전략적 인프라로 작용하며, 각 전략이 실제 정책으로 구현될 수 있도록 구조화된 지원체계를 마련한다.

전략적 방법은 목표를 실현하는 실행 설계이자, 국가 전략의 현실화 수단이다

전략은 목표만으로 완성되지 않으며, 구체적인 실행 방법이 병행될 때 비로소 현실로 이행될 수 있다. 여기서 제시한 전략적 방법들은 각기 국가안보, 기술자립, 산업경쟁력, 국제규범이라는 전략 목표와 긴밀히 연결되어 있으며, 동시에 통합 기반 전략은 이들 개별 전략이 조화를 이루며 효과적으로 작동할 수 있도록 뒷받침하는 구조를 제공한다.

이와 같은 구조적 접근은 단순한 전략의 나열을 넘어서, 국가우주전략을 하나의 통합된 전략 체계로 발전시킬 수 있는 현실적 설계이며, 한국이 독자적이고 책임 있는 우주 국가로 자리매김하는 데 있어 실천 가능한 길을 제시할 수 있다.

4. 전략의 수단

수단의 의미와 구조

　전략의 세 구성 요소 가운데 '수단(Means/Resources)'은, 목표(Ends)를 달성하기 위한 방법(Ways)을 실현하는 데 사용되는 모든 자원을 의미한다. 전략의 방법이 설계도에 비유된다면, 수단은 그 설계를 현실로 전환시키는 자재이며, 전략 실행의 가능성과 실효성을 담보하는 토대이다. 즉, 아무리 정교한 전략 개념이 마련되어 있더라도 그것을 뒷받침할 자원이 부족하거나 부적절하다면, 전략은 실행 가능성을 상실하게 된다. 그러므로 수단은 전략적 사고에서 단순한 보조 요소가 아닌, 반드시 고려되어야 할 핵심 실행 기반이다.

　이러한 수단은 물리적 자원에만 국한되지 않고, 전략이 실제로 작동하기 위해 요구되는 사회적, 문화적, 제도적 조건들까지도 포괄한다. 자원이란 곧 '무엇이 전략을 작동하게 만드는가'에 대한 총체적 답변이며, 이는 단기적 전략 실현뿐만 아니라 전략의 지속 및 확장 가능성에도 결정적인 영향을 미친다. 실제 단기적 위협 대응에는 예산이나 인력 같은 정량적 자원이 절대적으로 중요하지만, 장기적 전략의 지속을 위해서는 국가의 전략문화, 정책의 일관성, 국제적 신뢰도와 같은 무형 자원이 결정적 역할을 하게 된다.

자원의 유형: 유형성과 무형성

전략 수단으로서 자원은 물리적 실체가 명확하고 계량 가능한 유형 자원(tangible resources)과, 직접 측정이 어렵지만 전략의 성패에 결정적 영향을 미치는 무형 자원(intangible resources)으로 구분할 수 있다. 유형 자원은 일반적으로 인력, 장비, 예산, 시설 등의 물리적 기반을 말한다. 과학자, 기술자, 군 인력, 행정관료 등은 전략 실행의 주체로서 기능하며, 발사체, 위성체, 통신장비, 지상국과 같은 장비들은 기술적 수단으로 활용된다. 이들은 발사장, 연구소, 시험장 등의 기반 인프라와 함께 구성되며, 정부 및 민간의 예산을 통해 조달되고 유지된다. 이러한 자원은 수치화가 가능하고, 정책 문서에서 확보 목표나 투자 규모로 명시된다. 특히 국방 및 산업 전략의 실행 과정에서 그 중요성이 두드러진다. 이는 국방 분야의 경우 발사체나 위성확보 수량이 억제력이나 감시범위와 직결되며 산업 전략에서는 특정 기술 인프라와 데이터 자산이 시장 주도권 확보의 관건이 되기 때문이다.

반면, 무형 자원은 수치로 측정하기는 어렵지만, 전략 실행의 기반을 형성하고 방향성을 결정짓는 데 있어 핵심적인 역할을 한다.

그 예로 정치적 리더십의 의지는 장기 전략의 일관된 추진을 가능하게 하며, 만약에 국가의 전략문화가 위험 감수와 혁신 수용 태도가 강하다면 새로운 기술에 대한 과감한 투자 결정이 용이할 것이다. 국민의 전략 수용성과 지지는 예산 확보와 사회적 안정성 유지에 직접적 영향을 미치며, 외교 환경의 유리함은 기술 이전, 국제 공동 개발 프로젝트 참여 등 외부 자원 확보에 유리한 조건을 만든다.

또한 정책의 일관성을 유지하는 제도적 틀은 전략이 정권이나 위기 변화에도 흔들리지 않고 지속성을 가질 수 있게 한다. 이와 같은 무형 자원들은 전략의 정당성과 실현 가능성을 뒷받침하며, 예기치 못한 변화 상황에서도 전략이 유연하게 적응할 수 있도록 돕는다.[23]

자원의 계층성과 배분 원칙

전략에서 자원은 단순히 나열된 목록처럼 모두 같은 수준에서 작동하는 것이 아니다. 실제로 자원은 서로 다른 중요도와 역할에 따라 층을 이루는 계층적 구조로 조직된다. 즉, 어떤 자원은 전략 목표 달성에 반드시 필요한 '핵심 자원'으로 간주되는 반면, 다른 자원은 이를 보완하거나 지원하는 '보조 자원'으로 기능할 수 있다. 또 일부 자원은 전략 전체를 지탱하는 기반 인프라로, 다른 자원은 특정 상황에서만 작동하는 기능성 요소로 구분될 수 있다.

이처럼 자원의 역할과 중요도에 따라 위계가 나뉘면, 전략 기획자는 한정된 시간과 예산 안에서 무엇에 먼저 집중하고, 어떤 자원을 나중에 확보할 것인지에 대한 우선순위를 설정할 수 있는 실질적인 기준을 마련하게 된다. 자원 계층을 잘 설계하면 전략이 보다 효율적으로 실행될 수 있을 뿐만 아니라, 장기적으로도 안정성과 지속 가능성을 갖추게 된다.

또한 자원의 성격은 고정된 것이 아니라, 전략적 운용 방식에 따라 달라질 수 있다. 예를 들어, '외교'는 전략적 방법으로 분류되지만, '외교관'은 수단에 해당한다. 마찬가지로 '인공위성'은 자원이지만, 이를 통해 수행되는 정찰이나 통신은 전략적 방법에 해당한다. 이처럼 자원은 전략을 설명하는 언어가 아니라, 전략을 실현하기 위한 도구로 존재하며, 그것이 어떤 맥락에서 어떻게 활용되는지에 따라 전략적 의미가 부여된다.

전략적 자원의 예시: 목표 및 방법과 연계

앞서 설정된 전략 목표들과 전략적 방법들을 실제로 실행하기 위해서는, 해당 목표마다 어떤 자원이 필요한지를 구체적으로 파악하고 구조화하는 작업이 선행되어야 한다. 각 목표별로 요구되는 자원은 유형과 무형 자원을 포함하며, 독자적 활용이 아닌 상호보완적인 연계 구조를 통해 전략 실행의 기반을 형성한다.

첫째, 전략 목표 1인 국가안보 기반의 우주자율성 확보를 실현하기 위해 설정된 전략적 방법 1(우주동맹 및 안보협력 체계 구축)과 전략적 방법 2(우주자산의 복원력 및 상황인식 능력 강화)에 따라, 다음과 같은 자원이 요구된다. 군사 전문 인력, 감시·정찰위성, 궤도 기반 감시체계, 통합통제 시스템, 국방예산 등으로 구성된 유형 자원이 필수적이다. 감시·정찰위성은 고해상도 영상 확보가 가능한 저궤도 및 정지궤도 위성을 포함하며, 감시체계는 데이터 수집, 처리, 분석까지 포함한 종합 정보 기반 구조이다. 이들을 연계하는 통합 통제체계는 공중·지상·우주작전 간 실시간 협업을 가능케 한다. 이처럼 다양한 자원은 물리적 장비 그 자체라기보다는, 전략적 자립성을 확보하기 위한 핵심 작동 기반으로 작용한다. 그러나 감시·정찰 자산이 부처별로 중복 투자 되는 사례가 존재하고, 기관 간 협업이 원활하지 않다는 한계도 있다.[24] 이러한 문제를 해결하려면, 민간과 군이 공동으로 사용할 수 있는 통합형 시스템을 설계해 자원의 낭비를 줄이고 효율성을 높이는 방향으로 나아가야 한다. 또한 눈에 보이지 않는 무형의 자원 측면에서는, 군 내부에서 우주작전을 어느 정도 중요하게 여길 것인지에 대한 전략적 판단 능력, 부처 간 협업을 자연스럽게 이끌어 낼 수 있는 조직 문화, 그리고 우주작전을 공식적으로 수용하고 제도화할 수 있는 준비 정도가 핵심적인 요소로 판단된다.

둘째, 전략 목표 2인 우주산업을 통한 전략적 경제성장 실현을 달성하기 위해 설정된 전략적 방법 3(우주산업 에코시스템 기반 조성 및 지속 가능한 우주경제 구축)의 자원으로는 고급 기술 인력, 중소기업 투자펀드, 기술 이전 제도, 그리고 핵심 발사 인프라 등이 있다. 특히, 발사 인프라는 단순한 발사장에 국한되지 않으며, 위성 조립 및 테스트 시설, 추진체 시험장, 발사체 통합 조립라인, 통합 운용 관제센터, 그리고 로켓 연료 저장소 및 관련 안전설비를 포함하는 복합적 설비 체계를 의미한다. 이들 인프라는 전략 산업의 물리적 기반일 뿐 아니라, 민간 우주 시장의 진입장벽을 낮추는 역할도 한다.

그러나 한국의 경우, 우주산업에 뛰어든 스타트업들이 자체적인 성장 동력이 부족하고, 공공기관이 보유한 위성 데이터에 대해 민간 기업이 접근하기 어려운 현실적인 한계가 존재한다.[25] 이러한 제약을 극복하기 위해서는, 우주 데이터의 공개 범위를 넓히고, 새로운 기술이나 서비스에 대해 일정 기간 규제를 유예하는 '규제 샌드박스' 제도를 우주산업에 적용하는 방안이 필요하다. 무형 자원으로는 정부의 산업 육성에 대한 정책 지속성과 민간 혁신을 지지하는 사회적 분위기가 중요하며, 특히 우주산업의 위험 감수에 대한 수용 문화가 기업 활동에 큰 영향을 미친다.

셋째, 전략 목표 3인 국제규범 형성과 다자협력 주도를 실현하기 위해 설정된 전략적 방법 4(우주 질서 및 규범 형성을 위한 다자 외교 전략)에 필요한 자원으로 외교관, 국제조약 해석 전문가, 법률 자문 인력, 국제회의 운영 인력, 통번역 전문가 등 복합 인력이 요구된다. 이를 실행할 예산, 국제협력 프로그램, 전문 인재 파견 시스템 등도 주요한 유형 자원에 포함된다. 기술과 외교를 동시에 이해하는 융합형 전략 인재의 양성이 과제로 제기되며,[26] 외교부와 과기정통부의 협력 구조가 이 과제를 뒷받침해야 한다. 무형 자원 측면에서는, 한국이 국제사회에서 얼마나 신뢰를 받고 있는지, 협력국들과 오랜 기간 쌓아온 외교적 관계와 신뢰의 역사, 그리고 정권이 바뀌더라도 우주정책이 일관되게 추진되는지 여부가 전략적 협상에서 중요한 영향을 미치는 핵심 요인이다.

자원 배분 전략과 우선순위 설정 기준

자원이 항상 충족되지 않는 현실 속에서, 전략가는 가용 자원을 효과적으로 식별하고 우선순위를 설정하는 전략을 수립해야 한다. 이를 위해 다음과 같은 다섯 가지 기준을 적용할 필요가 있다.

첫째, 자원이 전략 목표 달성에 얼마나 직접적으로 기여하는가를 평가하여 우선순위를 결정한다. 둘째, 해당 자원이 대체 가능한가 또는 중복 가능한가를 판단하고, 희소한 자원에 더 높은 우선권을 부여한다. 셋째, 전략적 리스크에 대응하거나 회복력을 높이는 자원은 특히 우선적으로 고려되어야 한다. 넷째, 한 가지 자원이 여러 전략적 방법이나 목표에 연쇄적으로 영향을 미칠 경우, 그 자원의 파급력에 따라 우선 배분된다. 마지막으로, 자원이 국제협력과 외교적 신뢰 형성에 직결되는 경우에도 전략적 투자 대상으로 간주한다.

일례로 감시위성의 경우 자산이 단순 군사 목적을 넘어서 산업, 재난 대응, 기후 관측 등 다수의 전략 영역에 영향을 미친다는 점에서 그 설정의 타당성이 높다. 이러한 다층적 자원은 정책적으로도 높은 우선순위를 가져야 하며, 배분 전략에 있어 중심 자원으로 설정되어야 한다.

무형 자원에 대해서도 앞과 동일한 배분 전략이 필요하다. 만약 정치적 리더십의 지원이 불안정하거나 정책 일관성이 유지되지 않는다면, 아무리 유형 자원이 충분하더라도 전략은 실패할 위험이 크다. 따라서 정책의 연속성, 국제적 신뢰도, 사회적 지지 기반과 같은 무형 자원에 대해서도 체계적인 투자와 관리가 병행되어야 한다.

기술과 자원의 상호작용: 전략적 진화의 동력

우주전략에서 기술은 단순한 수단을 넘어, 전략적 방법과 목표 양측에 영향을 미치는 핵심 변수다. 고해상도 위성 기술의 확보는 기존의 정찰 자산의 능력을 뛰어넘어 국가안보의 전반적인 방식의 큰 변화를 가져올 수 있으며, AI 기반 우주 상황인식 기술은 전략 판단의 속도와 정확성을 획기적으로 향상시킨다.[27] 이처럼 기술은 전략을 구성하는 개념에 영향을 미치는 '전략적 촉진자(facilitator)'로 기능하며, 전략 자체의 진화를 유도하는 것이다.

그러나 첨단 기술은 고위험, 고비용의 구조를 가지며, 모든 분야에서 독자적 개발을 추구하는 것은 현실적 제약을 가진다. 이러한 점에서 국제기술 협력은 전략적 자원 확보의 또 다른 수단으로 간주될 수 있다. 미국, 일본, 유럽 등과의 협력은 기술 개발 리스크를 분산시키고 비용을 절감하며, 상호보완적 자원 배분을 가능케 한다.[28] 다만 기술적 종속은 국가의 장기적 발전을 저해할 수 있음을 항상 명심해야 한다.

전략은 자원의 정렬에서 출발한다

전략이란 궁극적으로 목표에 적합한 방법을 설계하고, 그 방법을 실현할 수 있는 자원을 확보하고 운용함으로써 완성된다. 자원이 부족하면 전략은 공허한 생각이 되고, 자원이 과잉되면 전략적 낭비로 귀결된다. 따라서 전략가는 자원의 정확한 식별과 우선순위를 정하며, 결핍을 보완할 방안을 제시해야 한다. 전략의 실효성은 자원의 효율적 운용에 달려 있다.

5. 상호작용과 기대효과

목표, 방법, 수단의 유기적 구조

전략은 단순한 계획과는 본질적으로 다르며, 무엇보다도 서로 다른 것들을 연결하는 기술이라 할 수 있다. 목표(Ends), 방법(Ways), 수단(Means)은 전략을 구성하는 세 가지 핵심 요소로 널리 알려져 있지만, 실제 전략의 세계에서는 이들 세 요소가 단순히 목표 → 방법 → 수단처럼 한쪽 방향으로 작동하지 않는다. 오히려 이들은 상호작용 하며 얽혀들고, 전략 환경의 변화에 따라 유기적으로 진화하는 복합적 구조를 형성한다.

전략이론가 콜린 그레이(Colin Gray)는 이를 "전략은 연결의 기술(The art of connection)"이라 규정했는데,[29] 특히 우주전략에 있어 매우 중요한 통찰을 제공한다. 우주는 지상과 달리 고정된 지형이 없는 공간이자, 고정된 방식으로 전략을 수립할 수 없는 환경이다. 국가, 군사조직, 민간 기업, 국제기구, 과학 커뮤니티 등 우주 공간에서 활동하는 다양한 행위자들은 서로 다른 목표를 추구하면서도 동일한 환경 속에서 상호작용 하게 된다. 따라서 우주전략은 목표·방법·수단이라는 도식적 틀을 넘어, 각 요소가 어떤 주체와 어떻게 연결되고, 어떤 제약과 시너지를 발생시키는지에 대한 구조적 고려가 필수적이다.

목표, 방법, 수단의 상호작용과 그 의미

우주전략을 구성하는 목표, 방법, 수단은 각기 독립된 요소가 아니라, 서로 상호작용 하며 전략 실행의 역동성을 만들어낸다. 그 관계는 고정된 선형이 아니라, 유연하고 역동적인 연계망으로 작동한다.

우선 목표는 수단을 요구한다. 예를 들면, '전략적 자율성 확보'라는 국가 차원의 목표는 독자적인 발사체 개발, 통신위성 보유, 감시체계 구축과 같은 고도 기술을 필요로 한다. 그러나 이러한 목표도 인력, 예산, 기술 기반과 같은 수단이 확보되지 않으면 현실화되기 어렵다.

반대로 방법은 수단의 부족을 보완할 수 있다. 직접적인 수단이 미비할 경우, 국제협력, 외교전략, 민관 파트너십과 같은 간접적 전략 방식이 대안이 된다. 이는 전략적으로 '방법'이 단지 실행의 절차가 아니라, 자원의 제약을 극복하기 위해 상황에 맞춰 조정되고, 창의적으로 설계될 수 있는 전략적 도구임을 보여준다.

또한, 때로는 수단이 예상보다 더 큰 영향을 미쳐, 원래 설정된 목표를 넘어서는 결과를 가져오기도 한다. 특히 민간 부문의 기술 혁신은 전혀 다른 전략적 영역에서 새로운 가능성을 열기도 한다. 과거와 상황이 역전되어 상업용 위성통신 기술이 군사 감시·정찰 분야로 전환되는 '이중용도(Dual-use)' 현상은 기술의 전략적 활용 범위를 확대시키는 대표적인 사례다.[30] 이는 수단이 단지 목표 달성을 위한 도구에 그치지 않고, 오히려 새로운 목표를 만들어 내거나 기존 목표의 범위를 확장시키는 역할을 할 수 있음을 보여준다. 다만, 이러한 이중용도 기술은 민간 활용과 군사 활용이 뒤섞이면서 통제의 어려움이나 의도치 않은 군사적 긴장 고조와 같은 부정적 효과도 수반할 수 있다.

이러한 상호작용은 전략의 구조가 단선적이지 않음을 보여준다. 상황에 따라 목표가 수정되거나, 새로운 방법이 등장하고, 예기치 못한 수단이 전략을 새롭게 재구성하는 등 전략은 끊임없이 재조정되는 과정으로 존재한다.

우주행위자 중심으로 본 전략 구성 요소와 상호작용

다음에서는 각 분야의 우주행위자들의 중심적으로 수행하는 역할을 전략 구성 요소에 투영하여 살펴봄으로써 그 상호작용의 실체를 이해하고자 한다.

국가정부: 전략적 방향성과 수단 배분의 중심축

정부는 우주전략의 목표를 설정하고, 필요한 자원을 배분하며, 전체 방향을 통제하는 핵심 주체다. 특히 중앙집권적 정책 결정 구조를 가진 한국과 같은 국가에서는 정부의 전략적 판단과 조정 역량이 전략의 실행력과 일관성을 크게 좌우한다. 한국 정부가 '우주강국'이라는 국가목표를 설정할 경우, 이를 실현하기 위한 방법으로는 △우주개발 로드맵의 수립, △국제협력의 확대, △민간 기업 육성 등이 고려될 수 있다. 그러나 이러한 방법들은 예산, 법제도, 전문 인력, 외교 자산 등 구체적인 수단이 뒷받침되지 않으면 실효성을 갖기 어렵다.

특히, 한국의 정책 환경에서는 부처 간의 유기적인 협조뿐 아니라 국회의 역할이 전략의 성패를 가르는 핵심 요인이 된다. 국회는 예산 편성과 법 제정 권한을 갖고 있으며, 정부가 이러한 수단들을 실제로 확보하고 전략적으로 운용하기 위해서는 국회의 설득과 협조를 이끌어 내는 정치적 조율이 필수적이다. 단순히 전략을 수립하는 것을 넘어, 정부가 국회와의 긴밀한 소통을 통해 전략 목표에 부합하는 예산 배분과 제도적 기반이 마련되도록 노력해야 한다.

결국 우주전략의 성공 여부는 기술적 접근만이 아니라, 정부 내 조정 능력과 입법부와의 협력 능력에 크게 좌우된다.

공공 및 연구기관: 기술혁신과 정책지원의 연결자

공공 및 연구기관은 우주개발의 기술혁신과 탐사연구를 주도하며, 민간과 정부를 연결하는 중간 역할을 수행한다. 이들은 우주탐사와 위성개발 등을 통해 과학적 성과를 창출하고, 이를 민간에 이전하여 기술 상용화를 촉진하는 한편, 정책수립의 과학적 근거를 제공하여 정부 전략에 기여한다. 특히 우주탐사 및 개발의 성공과 안정성 확보에 중점을 두며, 정부와 민간의 협력구조를 강화하여 전략적 통합성을 높이는 데 핵심적인 행위자이다.

민간 및 상업체: 혁신과 계획실행의 추진자

민간 우주기업들은 전략적 목표를 현실화하는 데 있어 기술과 실행을 담당하는 주체로서 핵심적이다. SpaceX나 Blue Origin 같은 해외 사례뿐 아니라, 한국의 한화에어로스페이스, 인스페이스, 쎄트렉아이 등은 독자적인 기술 역량을 축적하고 있으며, 우주전략의 실행 세력으로 부상하고 있다. 하지만 이들 기업은 정부의 전략 목표보다는 수익성과 시장성을 우선할 수밖에 없으며, 이는 전략과 상업적 이해의 긴장관계를 형성할 수 있다.

따라서 정부는 민간의 참여를 촉진하되, 단순한 재정지원을 넘어서 명확한 정책 방향 지시, 관련 법·제도의 정비, 위험 분담을 위한 파트너십 구축 등을 통해 민간의 상업적 동기와 국가 전략 사이의 균형을 맞추어야 한다. 그렇게 할 때에만 전략의 통합성과 실행력이 확보될 수 있는 것이다.

군사조직: 전략 목표 실현의 핵심 실행자

군은 우주전략의 목표를 실현하고 검증하는 핵심 주체로, 안보 전략자산을 활용하여 우주 안보의 중추적 역할을 수행한다. 특히 정보감시 및 정찰(ISR), 위치항법 시스템(PNT), 위성통신 등은 현대 군사작전의 핵심 기반이며, 이를 위한 우주자산 확보는 필수 과제다. 그러나 군은 본질적으로 폐쇄성과 보안 중심의 문화 속에 있으며, 이는 민간 기술 융합이나 국제협력과 충돌할 가능성이 있다. 전략적으로 군과 민간이 공통 목표를 공유하고 역할 분담을 명확히 하지 않으면, 전략은 일정한 영역에서만 작동하거나 오히려 상충될 위험까지 있다.

이를 방지하기 위해 미국의 경우, 우주군(Space Force) 창설 이후 NASA, NOAA, 상무부 등과의 긴밀한 연계를 통해 민간과 군의 요구를 통합하는 구조를 만들어내고 있으며, 이는 민-군 간 전략 시너지를 제도화한 대표 사례로 평가된다.[31] 이러한 구조를 통해 기술 개발 과정에서 중복 투자를 줄이고, NASA나 민간 기업이 개발한 첨단 기술을 군이 빠르게 적용할 수 있게 되었으며, 위성 운용, 우주감시, 통신망 구축 등에서 통합적 접근이 가능해졌다. 그 결과, 미국은 우주안보와 산업 경쟁력이라는 두 목표를 동시에 추구하는 전략적 효율성을 높일 수 있었다.

전략 구성 요소 중심으로 바라본 우주 역할자와 상호작용

전략의 세 가지 핵심 요소인 목표(Ends), 방법(Ways), 수단(Means)은 각각 우주 영역의 다양한 역할자들과 연결되며, 그 상호작용 속에서 제약과 시너지를 동시에 만들어 낸다.

먼저, 목표 설정 단계에서는 정부 부처 간 이해관계 충돌이나 국민들의 낮은 인식 수준이 실행력을 약화시키는 요인이 된다. 하지만 전략 목표가 사회적 공감대를 바탕으로 설정된다면, 이는 오히려 다양한 주체들의 참여와 협력을 이끌어 내는 강력한 추진력으로 작용할 수 있다.

방법의 차원에서는 기술력 부족, 외교 역량의 제약 등 현실적인 장애물이 존재한다. 그러나 민관 협력 체계의 구축이나 다자 외교 채널의 확대처럼, 정부와 민간, 국제사회 간의 협조 방식이 진화할수록 전략 수행의 경로는 더욱 다양하고 효과적으로 설계될 수 있다.

수단에서는 예산, 인력, 인프라 등 자원의 부족이 항상 한계로 작용한다. 하지만 정부 재정 외에도 민간 투자 유치, 해외 기술 협력, 공동 개발 프로젝트 같은 수단을 통해 기존 제약을 돌파하고, 새로운 전략적 가능성을 열 수 있다.

결국, 전략 구성 요소는 정적인 틀이라기보다, 다양한 역할자들과의 상호작용 속에서 변화하고 진화하는 구조다. 때로는 한 요소가 제약을 주지만, 그 제약이 또 다른 요소에서 혁신의 계기가 되기도 한다. 이 역동성이 바로 전략의 생명력이며, 우주전략 역시 그 중심에서 유기적으로 작동해야 한다.

전략적 기대효과: 기회의 창을 여는 전략

전략이 효과적으로 작동하고, 목표(Ends), 방법(Ways), 수단(Means)이 유기적으로 정렬될 때, 단순한 위협 대응을 넘어 국가의 미래를 바꾸는 전략적 기회의 창이 열릴 수 있다. 물론 전략이 항상 완벽히 구현되는 것은 아니며, 다양한 제약과 실패의 가능성도 상존한다. 그러나 그러한 현실에도 불구하고 전략은 미래를 설계하는 도구이며, 그 실행 가능성이 열릴 때 다음과 같은 중장기적 효과를 기대할 수 있다.

첫째, 한반도 전략 안정성 제고이다. 우주자산의 확보와 우주상황인식(SSA) 능력의 향상은 북한과 같은 비대칭 위협에 대한 대응력을 획기적으로 강화시킨다. 특히 위성 기반 조기경보체계, 정밀 감시 위성, 실시간 지휘통제 시스템은 위협을 사전에 식별하고, 신속히 대응할 수 있는 전략적 억지력을 제공한다. 이로써 전통적인 군사력 중심의 안보 개념에서 벗어나, 정보 우위 기반의 스마트 억제체제로 전환이 가능하며, 이는 한반도 전반의 안보 안정성과 위기관리 능력의 향상으로 이어진다.

둘째, 국제적 위상과 전략적 주도권 확보이다. 우주기술의 단순 보유만으로는 '전략국가'로 인정받기 어렵다. 한국이 진정한 우주 선도국으로 자리매김하기 위해서는, 기술력뿐 아니라 규범 설정,

국제협력의 주도, 글로벌 거버넌스 참여가 병행되어야 한다. 아르테미스 협정 참여, G7 우주협력 강화, 국제우주회의에서의 정책 어젠다 주도 등을 통해 한국은 우주 규범 형성과 표준 정립 과정에 실질적으로 기여할 수 있다. 이는 외교적 위상과 협상력 증대는 물론, 국제기구 및 동맹 내 영향력 확대, 첨단 산업 진입장벽 선점 등 실질적인 전략적 레버리지로 이어진다.

셋째, 미래 성장 동력 확보와 산업 혁신이다. 우주산업은 더 이상 기술 중심의 연구개발에 머무르지 않는다. 위성 데이터 서비스, 소형 위성 제조, 발사체 시장, 우주관광 등은 이미 글로벌 시장에서 수조 달러 규모로 확장 중인 고부가가치 산업이며, 민간 기업이 주도하는 산업 생태계의 중심축으로 자리 잡고 있다. 한국이 이러한 산업에서 주도권을 확보할 경우, 향후 10~20년 동안 경제성장의 핵심 동력으로 작동할 수 있다. 특히, 민간 우주 기업의 글로벌 진출, 기술 수출, 고급 인재 양성 등은 국가 전체의 산업 구조 고도화와 일자리 창출이라는 다층적인 효과를 낳을 수 있다.

결론적으로 전략은 리스크를 감수한 미래 설계

우주전략은 단순한 기술 개발 계획이 아니라, 국가의 생존과 번영을 좌우할 수 있는 정치적·경제적·외교적 전략 행위다. 전략이 반드시 성공한다는 보장은 없지만, 이를 구체화하고 추진하는 과정에서만 새로운 기회의 문이 열린다.[32] 전략이란 결국, 불확실한 미래를 향해 기회를 선택하는 의지의 표현이다.

나. 전략의 안정성 확보: 타당성 평가와 위험관리

전략이 수립되었다는 사실은 단지 출발점일 뿐이며, 그것이 성공을 담보하지는 않는다. 전략이 실질적인 효과를 가지려면, 그 자체의 논리적 정합성과 실행 가능성은 물론, 끊임없이 변화하는 외부 환경 속에서도 유연하게 대응할 수 있는 지속성과 적응력이 뒷받침되어야 한다. 이러한 의미에서 '전략의 안정성 확보'는 전략 이행의 마지막 단계가 아니라, 전략의 프로세스 전반에 걸쳐 지속적으로 작동해야 할 평가와 개선의 체계로 이해되어야 한다.

특히 우주전략은 기술, 정치, 법, 국제규범 등 다양한 차원이 복합적으로 얽혀 있는 비선형적 환경 속에서 추진되기 때문에, 타당성 검토와 리스크 관리 체계가 더욱 중요하다. 이 장에서는 전략 안정성 확보의 핵심 축인 전략의 타당성(validity) 평가, 그리고 전략 리스크(risk)의 분석과 관리에 대해 살펴보며, 이를 우주전략에 어떻게 적용할 수 있는지 구체적으로 설명하고자 한다.

전략의 타당성 평가:
적합성(suitability), 가용성(feasibility), 수용성(acceptability)

전략의 타당성(validity)이란, 특정 전략이 설정된 목표를 실제로 달성할 수 있는지를 평가하는 기준이다. 일반적으로 이는 적합성, 가용성, 수용성이라는 세 가지 기준으로 구성된다. 이 구조는 전략학 이론에서 널리 쓰이며, 특히 미국 합참(Joint Chiefs of Staff)의 작전계획 교범(JP 5-0)에서도 전략 평가의 핵심 항목[33]으로 제시되고 있다.

먼저 적합성(suitability)은 전략이 설정된 목표를 달성하기 위해 제시한 수단과 방법이 실제로 효과적으로 기여할 수 있는지를 묻는 원칙이다. 이는 '전략은 수단 및 방법과 목적의 일관된 연결이어야 한다'는 사고에 기반한 것으로,[34] 전략의 내부 논리가 현실의 문제 해결에 얼마나 적절히 작동하는지를 평가한다. 특정 우주위협에 대응하기 위한 감시체계가 그 위협의 탐지 특성과 부합하지 않는다면, 설령 자원이 충분하더라도 전략은 적합성 측면에서 실패한 것으로 볼 수 있다.

다음으로 가용성(feasibility)은 전략 실행에 필요한 자원(인력, 예산, 기술, 제도 등)이 충분히 확보 가능한지를 평가하는 기준이다.[35] 예를 들어, 한국이 우주 상황인식(SSA)을 강화하려 하더라도, 레이더·광학망 구축 역량이나 국제협력 기반이 부족하다면 전략의 실행 가능성은 낮아진다.

마지막으로, 수용성(acceptability)은 전략이 사회적·국제적 차원에서 도덕적, 법적, 외교적으로 받아들여질 수 있는지를 평가하는 기준이다. 어떤 전략이 아무리 기술적으로 실현 가능하고 효율적이라 하더라도, 그것이 국제사회의 규범, 조약, 혹은 자국 내 여론과 충돌한다면 정당성과 지지를 확보하기 어렵고, 결과적으로 전략으로서의 효과도 제한될 수 있다. 우주 무기 배치나 적국 위성에 대한 물리적 공격 전략은 기술적으로 가능할 수 있으나, 국제법 위반 우려나 외교적 고립을 초래할 경우 수용성이 낮다[36]고 평가된다.

타당성 평가와 리스크의 불가분 관계

타당성 평가의 기준(SFA)은 전략 설계 시의 핵심 평가 틀이지만, 이를 현실 전략에 완전히 적용하기는 쉽지 않다. 대부분의 전략은 특정한 가정과 전제에 기초해 설계되며, 이러한 가정은 외부 환경 변화에 따라 언제든 변화되고 무효화될 수도 있기 때문이다. 다시 말해, 전략은 항상 불확실성 속에서 작용하는 것이다. '적의 ASAT 무기에 대응하여 전략적 억제력을 확보한다'는 전략이 있다고 가정하자. 이 전략이 처음에는 적합성, 가용성, 수용성 모두를 충족했더라도, 시간이 지나 적의 기술 진화가 가속화되거나 국내 기술 개발이 지연되고, 국제사회가 해당 전략에 비판적 태도를 보일 경우, 전략은 현실과 괴리될 수 있다. 이를 고려하지 않고 전략의 유효성을 그대로 신뢰하는 것은 바람직한 미래에 대한 잘못된 확신(wishful thinking)에 가깝다. 전략의 타당성 평가는 단지 사전/사후 검토 절차가 아니라, 끊임없이 현실을 점검하고 리스크를 분석하는 과정과 밀접하게 연결되어야 한다.

전략적 리스크 평가와 관리: 가능성에서 결과까지

리스크 평가는 단순히 전략이 성공할 가능성을 따지는 것이 아니라, 전략 성공 또는 실패 시 나타날 수 있는 영향력(impact)까지 분석하는 포괄적 활동이다. 국제표준인 ISO 31000은 리스크를 '결과의 불확실성'으로 정의하며, 분석 시에는 가능성과 영향력의 결합으로 접근할 것을 권고한다.[37]

따라서 전략 리스크 분석은 단순한 위험 식별을 넘어서, 전략의 전체 구조와 환경에 대한 종합적 판단을 요구한다.[38] 이를 위해 다음과 같은 네 가지 핵심 요소를 고려해야 한다. 첫째, 전략 목표, 수단, 방법 간의 논리적 정합성, 둘째, 전략이 기초하고 있는 정보가 객관적인 사실인지, 아니면 단순한 가정인지를 구분할 것, 셋째, 예측 가능한 위험과 예측 불가능한 위험을 어떻게 인식하고 대응할 것인지, 넷째, 단기적인 성과와 장기적인 파급효과 사이의 전략적 균형을 어떻게 설정할 것인지가 중요하다. 실제로 고위험 환경에서는 단 하나의 전략적 움직임이나 이에 대응하는 전략적 실패가 전체 구조를 무너뜨릴 수 있다. 2007년 중국의 ASAT 실험은 단순한 기술 실험을 넘어 국제 전략 질서의 판도를 바꾼 사건으로 평가되며,[39] 이는 특정 리스크의 파급력을 상징적으로 보여준다.

한편, 전략적 리스크 관리는 단순한 분석에 그치지 않고, 다음과 같은 구체적인 대응 전략[40]으로 실행 단계까지 연결되어야 한다. 이를 위해 조직은 네 가지 대표적인 리스크 대응 방식 중 상황에 맞는 선택과 조합을 신중히 고려할 필요가 있다. 첫째, 리스크가 과도할 경우 전략 실행 자체를 유보하거나 폐기하는 회피(avoidance), 둘째, 리스크 가능성이나 영향을 줄이기 위한 보완 조치를 이행하는 완화(mitigation), 셋째, 외부 파트너나 민간 기업 등으로 리스크 부담을 분산하는 전가(transfer), 넷째, 감내할 수밖에 없는 리스크에 대해서는 철저히 대비책을 마련하고 실행하는 수용(acceptance) 방법이 있다.

전략 실행과 검토: 지속적 타당성 점검의 필요성

우주전략 환경은 고도로 유동적이다. 기술의 급속한 발전, 지정학적 변화, 민간 기술의 상업화 등은 기존 전략의 전제를 단시간에 무력화시킬 수 있다. 그러므로 전략의 타당성 평가는 일회성 절차가 아닌 지속적 점검 메커니즘이 되어야 한다. 한국 정부는 2020년대 초반, 북극항로 활용 및 기후 대응 전략의 일환으로 극지 관측용 저궤도 위성(LEO) 개발을 추진했다. 당시에는 높은 전략적 가치가 있었지만, 이후 글로벌 기후 데이터 시장의 민간 주도화, 기술 상용화 추세 등으로 인해 정책 우선순위와 투자의 초점이 변화하게 되었다. 이런 변화에 능동적으로 대응하지 못할 경우, 초기에는 적절했던 전략도 점차 무력화된다. 따라서 중간 평가, 사후 평가, 전략 재조정은 전략 실행의 부속절차가 아니라, 전략 생존의 필수 요소이다.[41]

우주환경에서의 SFA 적용과 전략 유연성 확보

우주는 기술, 외교, 경제, 윤리 등 다양한 리스크가 중첩된 고(高)복잡성 환경이다. 따라서 기존 리스크 분석을 보완할 수 있는 전략적 예지분석(SFA: Strategic Foresight Analysis)의 활용이 필요하다. SFA는 미래를 예측하려는 것이 아니라, 다양한 가능한 미래를 설계하고 이에 대한 대비를 가능하게 해주는 사고 틀이다.[42]

유럽우주국(ESA)과 유엔 개발계획(UNDP)는 정책 수립 초기 단계에서 SFA를 활용하여, 우주파편, 민간 기업 주도 기술 확산, 우주 자원 채굴 등 새로운 이슈에 선제적으로 대응하고 있다. 특히 우주전략에서 활용 가치가 높은 SFA의 대표적 도구는 다음의 세 가지다. 첫째, 시나리오 기획(scenario planning)이다. 중국이 달 자원을 선점하거나 AI 기반 우주작전체계가 확산하는 등의 다양한 미래 상황을 상정하고, 각각의 경우에 대해 대응 전략을 사전 구성함으로써 정책의 민첩성과 융통성을 높이려는 시도이다. 통상 일반국가가 전략적 대응을 위해 많이 사용하는 기법이기도 하다.

둘째, 징후 모니터링(signals monitoring)은 현재 크게 주목을 받고 있지 않지만, 미래에 전략적 전환점이 될 수 있는 초기 변화 조짐이나 미세한 신호를 조기에 탐지하는 활동으로 단기 정책 결정이 아닌, 중장기 전략 기획에서 매우 중요한 역할을 한다. 과거에 주목받지 않던 우주 자원 채굴 기술이나 AI 기반 위성 제어 시스템이 정책 이슈로 급부상한 것처럼, 현재 주변부에 있는 기술·정책·투자 흐름을 미리 감지함으로써 미래에 대한 선제적 대응을 시도하는 것이다.

셋째, 반사고실험(backcasting)은 전통적 인과론에 의한 접근과 달리, 바람직한 미래 목표를 먼저 설정한 후, 그 미래에 도달하기 위해 현재부터 어떤 전략적 단계를 밟아야 하는지를 역산하는 방법론이다. 만약 한국이 2040년까지 우주항법(위성 기반 내비게이션) 자립국이 되는 것을 목표로 삼는다면, 이 미래 상태에서 현재로 거슬러 내려와 어떤 기술이 선행되어야 하는지, 어떤 제도적 기반이 갖춰져야 하는지, 언제 어떤 국제협력을 추진해야 하는지 등이 구체적으로 도출하는 것이다.

SFA는 이러한 방식들을 통해 전략의 예측력을 보완하며, 불확실한 환경 속에서도 정책의 방향성과 일관성을 유지할 수 있도록 도와준다.

전략 안정성은 '계획'이 아닌 '적응력'의 문제

전략 안정성은 고정된 계획으로 유지되는 것이 아니라, 타당성 평가, 리스크 분석, 미래 예지 시스템을 통해 지속적으로 조정되고 진화되어야 한다. 특히 우주라는 고위험·고불확실성 환경에서는 전략의 유연성과 정책 조정 능력이 그 자체로 전략의 일환이다. 한국의 우주전략이 단기 기술 목표를 넘어 장기적 지속 가능성으로 이어지기 위해서는, 전략 안정성이 가장 먼저 확보되어야 할 기반이다.

Ⅳ. 우주 발전 전략의 도전과제와 전망

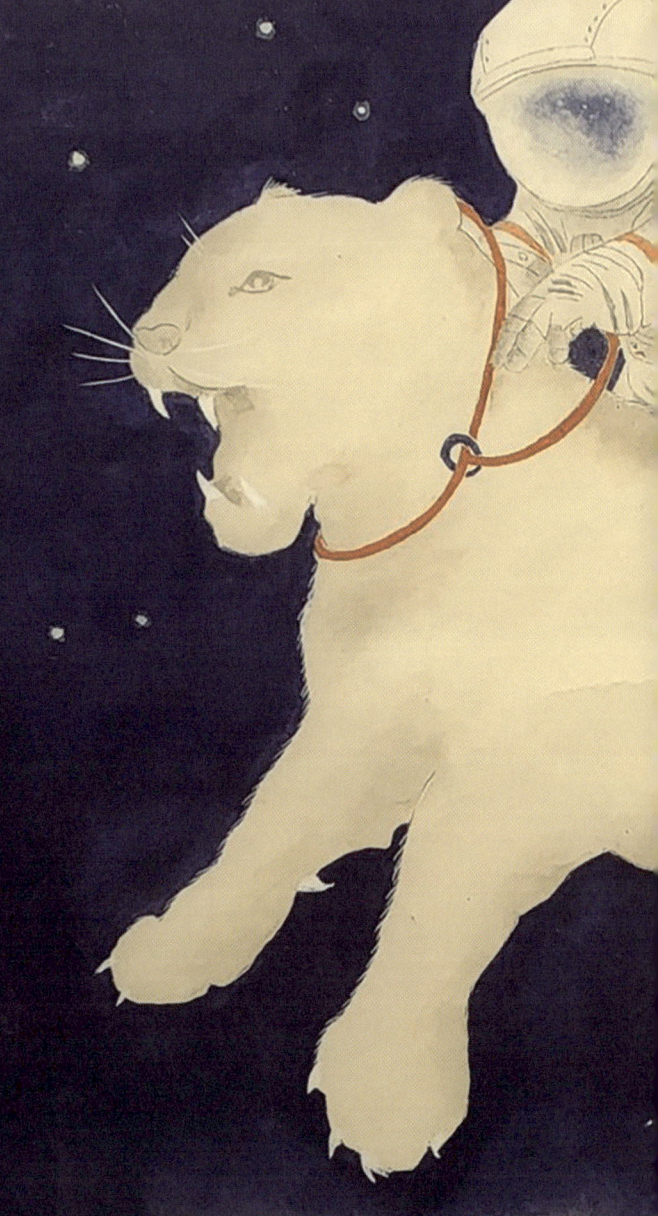

"우리는 별을 향한 고통스러운
발걸음 속에서도 꿈을 꿉니다"

칼 세이건(천문학자)

가. 우선순위 과제 해결을 위한 노력

우주 발전 전략이 실질적 성과로 이어지기 위해서는, 전략이 제시하는 비전과 개념이 단순한 방향 제시에 머무르지 않고, 실제 현실적 위협이나 과제를 해결할 수 있는 구체적 실천 방안으로 전환되어야 한다. 이는 전략을 '구상'의 차원에서 '실행'의 영역으로 옮겨가는 과정이며, 단지 문서화된 계획이 아니라 역동적이고 지속가능한 전략 안정성 체계의 운영을 의미한다. 특히 우주라는 전략 환경은 그 본질상 불확실성과 복잡성이 매우 높기 때문에, 명확한 우선과제를 설정하고 이를 체계적으로 해결하려는 노력 없이는 전략의 실질적 성과를 기대하기 어렵다.

안정성 확보 체계와 미래 불확실성의 대응

이미 앞서 3장에서 논의한 바와 같이, 전략의 안정성이란 고정된 계획의 안정성을 뜻하는 것이 아니라, 지속적인 타당성 점검, 유연한 리스크 관리, 그리고 전략적 에지 분석(GFA)에 기반한 동적 운영

체계를 의미한다. 이 체계는 기술의 발전, 지정학적 구도 변화, 자연재해, 사이버공격 등 다양한 변수에 실시간으로 대응할 수 있는 전략적 유연성과 복원력을 동시에 요구한다.

전략 안정성 확보 체계의 핵심은 미래 불확실성을 '제거'하는 데 있지 않다. 오히려 불확실성의 범위와 영향력을 식별하고, 그 영향을 전략적으로 통제하거나 완화함으로써, 극단적 상황에서도 전략이 기능적 연속성을 유지하도록 만드는 것이다.[1] 이러한 관점에서 한국의 우주 발전 전략은 다음 세 가지 우선 과제를 최우선적으로 해결해야 할 핵심 영역으로 삼아야 한다.

우주물체 및 인프라의 복원력(resilience) 확보

우주물체와 관련 인프라 즉, 인공위성, 우주망원경, 중계기, 우주기지 등은 오늘날 통신, 정찰, 기상 관측, 위치정보 수집 등 다양한 전략적 기능을 담당하는 필수 기반이다. 그러나 이러한 자산들은 우주방사선, 우주파편, 기술 결함, 적의 공격 등 다양한 위협에 노출되어 있으며, 단일 실패가 전체 시스템의 붕괴로 이어질 수 있는 고위험 구조를 가진다.[2]

이러한 상황에서 단순한 방호 이상의 개념으로 요구되는 것이 바로 복원력(resilience)이다. 복원력이란 우주자산이 외부 충격을 완전히 차단하는 것이 아니라, 충격을 받은 이후에도 빠르게 기능을 회복하거나 운영을 지속할 수 있는 설계적·운영적 능력[3]을 포괄적으로 의미한다.

 이를 달성하기 위해서는 다음과 같은 다층적 접근이 필요하다. 먼저, 설계 차원에서는 시스템의 중복성(redundancy)을 확보해야 한다. 즉 주요 위성이나 시스템에 대해 백업 자산을 보유하고, 주요 기능을 대체할 수 있는 하위 시스템이 설계되어 있어야 한다. 운영 측면에서는 궤도 변경, 임무 전환 등의 빠른 대응이 가능하도록 융통성(flexibility)을 갖추어야 하며, 마지막으로 동맹국이나 상업체와의 협력 구조 속에서 상호호환성(interoperability)을 확보하여, 위기 상황에서 자산 공유나 대체[4]가 가능하도록 하는 체계가 필요하다.

 2009년, 미국의 민간 위성인 Iridium 33이 러시아의 폐기 통신위성 Kosmos 2251과 충돌한 사건은 복원력의 실제 효과를 보여준 대표 사례이다. Iridium 시스템은 총 66개 이상의 위성으로 구성된 중복 네트워크를 운영 중이었기 때문에, 충돌 발생 1시간 이내에 자동 우회통신 설정을 통해 전체 네트워크를 정상화할 수 있었다.[5]

 복원력의 확보는 기술 개발의 영역을 넘어 정책 기획과 제도 설계에도 중대한 영향을 미친다. 실제로 미국은 2018년 이후 연방예산에 '미래 위성망 복원력 확보' 항목을 포함시키고, 민간 복원력 서비스 제공업체의 연방 조달을 제도화하였다.[6] 한국도 유사한 정책적 접근이 필요하다. 즉, ▲위성운영 기관 간 위기대응 매뉴얼의 표준화, ▲백업 위성 정책 수립, ▲정부-산업체 간 역할 분담의 제도화 등을 추진하여 우주 위성망의 복원력을 확보히어야 한다.

우주상황 인식(SSA) 및 우주파편 대응의 정교화

우주파편은 궤도상의 인공위성에 가장 현실적이고 빈번한 위협 중 하나이다. 특히 저궤도에 집중된 위성들의 급격한 증가로 인해 충돌 가능성은 기하급수적으로 높아지고 있으며, 이에 따라 각국은 우주 객체의 궤도 및 상태를 실시간 감시하고, 잠재적 위협을 식별하고, 이에 대해 사전에 경보를 발령하고 회피하는 우주 상황인식(Space Situational Awareness, SSA) 체계를 정교화하고 있다. 다음에 언급되는 정책 방향과 작전 절차는 전략의 차원과 다를 수 있다. 그러나 이러한 정책과 기획을 살펴보는 의미는 자산의 확보 및 운영 절차가 전략을 수립하는 데 도움을 주기 때문이다. 특히 한국의 경우 동맹과 협력을 통해 초기 능력 확보를 해야 하고 미래 자율적인 안보위협 대응능력을 갖추기 위해서는 더욱더 참고와 관련 연구가 필요하다.

SSA는 일반적으로 탐지(detection), 식별(identification), 예측(prediction), 대응(response)이라는 4단계 절차로 구분된다. 이 개념은 특정 국가의 공식적인 개념은 아니지만 NASA, ESA, 미 우주군(USSF) 등 주요 기관들이 실무적 모델로 활용하고 있으며,[7] 미연방재난관리청(FEMA)의 재난대응 프레임워크, 국제항공 교통 통제 시스템, 위기관리학의 인지 – 분석 – 조치 체계와 개념적으로 유사하다.

SSA는 현재 활용 목적에 따라 민간과 군사 체계로 나뉘며, 적용 방식에 다소 차이가 있다. 민간 영역에서는 주로 LeoLabs, CSpOC,

Space-Track과 같은 데이터 제공 기관이 위성 운영자에게 충돌 위험 경보를 전달하고, 민간 사업자는 이를 토대로 자체적으로 궤도 기동, 임무 조정 등의 회피 조치를 취하는 데 적용한다.[8] 이러한 민간 SSA 체계는 '감시-경보-회피(monitor-alert-evade)'라는 3단계 구조를 따르며, 위험 인지보다는 자율적 회피와 피해 최소화에 초점[9]을 맞춘다.

반면, 군사 SSA는 보다 정교한 판단과 작전적 결정을 요구한다. 군은 SSA를 통해 적의 정찰위성 접근, 궤도 비정상 움직임, 전자기 교란 등을 탐지하며, 이를 바탕으로 임무 변경, 위성의 전환, 전자전 대응 등의 조치를 취한다.[10] 따라서 충돌위험에 대한 군사적 대응 체계는 '예방(prevent) – 완화(mitigate) – 방어(defend)' 혹은 '억제(deter)-방어(defend)-공격(defeat)'이라는 작전적 대응 틀 안에서 작동하며,[11] SSA는 이 구조 속에서 탐지, 식별, 전개 판단 등 작전 의사결정의 핵심 기반으로 기능한다.

SSA와 함께 작동해야 하는 또 하나의 축은 우주교통관리(STM: Space Traffic Management) 체계이다. SSA가 위협 감지와 분석을 위한 기술적 인프라라면, STM은 이러한 정보를 바탕으로 ▲우주체 등록 및 허가, ▲충돌 회피 우선순위 결정, ▲비상 대응 조율 등의 법적·정책적 조정 체계를 담당한다.[12] 즉, SSA가 '감시와 판단'을 하고 STM은 '규율과 운용'을 담당한다.

미국은 상무부와 미연방항공청(FAA를) 중심으로 민간 STM 제도화를 추진 중이며, 유럽은 유럽우주감시추적센터(EUSST) 체계를 통해 민-군 SSA 데이터를 활용한 실시간 통합 대응 시스템을 구축하고 있다.[13] 한국도 SSA 기술 개발과 함께 STM 제도 기반 마련이 병행되어야 하며, 향후 ▲우주 객체 사전등록제 도입, ▲충돌 시 대응 책임 체계 마련, ▲통합 관제기관 설치 등 다층적 제도 설계가 요구된다.

한반도 안보 위협 대응과 미래 전략 구상

북한은 2023년 11월, 군사정찰위성 '만리경-1호'를 자력으로 발사하는 데 성공하였다. 이는 북한이 우주를 군사 감시 및 타격정밀도 향상에 활용하려는 명확한 전략의 일부로 분석된다. 향후 다중 위성군을 구성할 경우, 북한의 전장정보 수집 능력과 지휘체계 분산 능력은 크게 향상될 수 있다.

한국은 이에 대응해 정지궤도(GEO), 중궤도(MEO), 저궤도(LEO)를 조합한 다중 위성 감시 체계, 즉 '우주 기반 감시벨트'를 구축할 필요가 있다.[14] 이 체계는 위성 탐지, 미사일 발사 조기경보, 이동식 발사대 탐색 등 전술적 기능을 수행할 수 있으며, 고해상도 센서, AI 기반 판독 시스템, 실시간 지휘통제 연계가 핵심 구성 요소가 될 것이다.

또한 수집된 우주 정보를 실제 작전 능력으로 전환하려면, 우주와 지상 간 정보 흐름을 하나의 체계로 통합해 지휘하고 통제할 수 있는 시스템 구축이 필수적이다. 이를 위해서는 각 군 영역에서 수집된 정보를 통합하고, 다양한 작전 상황에 따라 실시간으로 임무를 조정·전환할 수 있는 유연한 통합 지휘통제체계가 필요하다. 미국이 추진 중인 JADC2(Joint All-Domain Command and Control)는 이러한 통합 시스템의 대표적 사례로, 각 군에서 수집한 정보를 연결해 빠른 의사결정과 작전 전환이 가능하도록 설계되어 있다.[15] 한국군도 이와 유사한 구조를 구축해 우주 기반 정보가 실질적인 작전 효과로 이어질 수 있도록 해야 한다.

  마지막으로, 물리적 타격이 아닌 비가시적 비대칭 전략, 즉 '소프트 킬(soft kill)' 기술 확보가 중요하다. GNSS 교란, 센서 교란, 데이터 링크 차단 등의 기술은 적의 정찰위성 기능을 무력화시키는 수단이 될 수 있으며, 미국은 이미 이를 전자기 스펙트럼 전략과 통합하여 운영 중이다.[16] 한국도 국방과학연구소, 민간 위성 기술 기업 등과의 협력 기반하에 관련 기술 확보에 나서야 한다.

나. 뉴스페이스 영역의 협력과 발전

우주활동의 중심축이 과거의 정부 주도 모델에서 민간 주도의 시장 중심 구조로 전환되는 이른바 '뉴스페이스(New Space)' 시대의 도래는 단순한 기술 혁신을 넘어서, 정치적·경제적·사회적 구조 자체를 재편하는 중대한 변화로 작용하고 있다. 이러한 흐름은 국가가 우주 분야에서 전략적 위상을 확보하고자 할 때, 단지 기술 경쟁력만을 확보하는 것을 넘어, 보다 복합적인 협력 생태계 구축과 경제-환경-안보 통합기능의 강화, 민관 및 국제 파트너십의 다층화된 구성 전략을 요구하게 된다. 즉, 뉴스페이스 전략은 더 이상 '기술 주권'의 획득에 머무르지 않고, 우주를 통해 국가정책 전반의 미래를 통합적으로 설계할 수 있는 역량을 의미하는 새로운 국가 전략 패러다임으로 전환되어야 한다.

국가의 에코시스템 조성과 협력적 통제

뉴스페이스 시대의 중심에는 민간 상업 부문을 중심으로 재편되는 우주 생태계가 놓여 있다. 발사체, 위성통신, 우주 데이터 활용, 소형 위성, 우주탐사, 인프라 구축 등 주요 혁신 영역이 더 이상 정부 주도로만 이루어지지 않는 현실 속에서, 정부의 역할은 전통적인 '개발자'에서 '시장 촉진자'와 '전략적 규제자'로 점차 전환되고 있다. 이에 따라 정부는 민간 생태계를 조성하는 동시에, 그 생태계가 안정적으로 작동할 수 있도록 지원하고 조정하는 협력적 통제(cooperative governance)를 병행해야 한다.

미국은 이러한 전략 전환의 모습을 잘 보여주고 있다. NASA는 더 이상 기술 개발의 주체에 머무르지 않고, 민간의 기술력을 촉진하는 '앵커 수요자(Anchor Customer)'로서의 역할을 강화하고 있다. SpaceX, Planet, Rocket Lab 등의 민간 기업은 NASA의 초기 수요 계약을 기반으로 기술력을 확보하고, 이후 민간 시장과 글로벌 시장에 성공적으로 진출하게 되었다. 이러한 정책적 구조 덕분에 미국의 우주경제에서 민간 부문이 차지하는 비중은 2022년 기준으로 전체의 약 77%에 이르렀으며, 이는 정부 중심에서 민간 주도로의 구조적 전환이 현실화되고 있음을 보여주는 수치의 증거이다.[17]

동시에 미국 정부는 '규제 완화'와 '공공 수요 보장'이라는 두 축의 전략을 운영하여, 민간 기업의 위험 부담을 줄이는 한편 우주산업 에코시스템의 자생력을 강화하는 정책을 시행하고 있다.[18] 이러한 구조는 단지 산업 성장에만 기여한 것이 아니라, 국제우주시장에서의 기술 표준 형성, 우주법 및 규범의 선점, 전략 기술의 국가화를 가능하게 한 결정적 기반이 되었다. 특히 NASA가 추진한 민간 달 탐사 화물 수송 서비스(CLPS: Commercial Lunar Payload Services) 프로그램은 이러한 전략의 대표 사례로 주목된다. CLPS는 NASA가 직접 달 착륙선을 개발하기보다, 민간 기업에 달 표면 화물 운송 임무를 위탁 발주하는 계약 방식으로 운영된다. NASA는 일정한 기술 기준과 임무 요건만을 제시하고, 개발·운용은 민간의 자율성과 창의성에 맡긴다.[19] 이 과정에서 NASA는 앵커 수요자로서 기능하며, 초기 수요를 보장함으로써 민간이 기술 실증과 사업 기반을 조기에 확보할 수 있도록 유도한다.

이러한 방식은 단지 탐사 비용을 절감하는 데 그치지 않고, 시장 경쟁 촉진, 기술 역량 축적, 우주활동 표준 선점이라는 전략적 효과까지도 실현한다. 결과적으로 CLPS는 규제 최소화와 공공 수요 보장을 결합한 모델로서, 정부가 방향과 목표를 제시하고, 민간이 자율적으로 실행하는 미국식 우주정책의 상징적 사례[20]로 평가된다.

한국의 과제와 정책 제안

한국은 한국우주항공청(KASA)의 설립을 계기로, 정책, 시장, 산업을 연계하는 구조의 일원화를 추진하고 있다. 그러나 여전히 해결해야 할 과제가 많다. 우선 우주기술력은 일정 수준까지 성장했으나, 민간 산업과 금융시장을 연계하는 구조는 부족하고, 산업 수요의 발굴과 정부 조달 체계의 연계도 미흡한 편이다. 중소 우주기업들이 기술을 상용화하기 위해서는 초기 시장 확보가 필수적이다. 그러나 현실에서는 공공 조달이 단기 단발성 사업 중심으로 운영되는 경우가 많아, 중소기업이 지속 가능한 비즈니스 모델로 확장하기 어려운 구조적 제약이 존재한다. 이로 인해 민간 투자 유인도 제한되며, 장기적 사업 생태계 형성이 어렵다.

이러한 제약을 극복하기 위해서는 미국의 중소기업 혁신연구 프로그램(SBIR: Small Business Innovation Research)과 같은 제도의 도입이 필요하다. SBIR은 미국 연방정부가 기술력을 갖춘 중소기업에 R&D 자금을 지원하고, 일정 수준 이상의 기술성과가 입증되면 후속적으로 해당 기술을 공공 조달 대상으로 연계 채택함으로써, 기술 상용화를 단계적으로 지원하는 프로그램이다.[21] 즉, 정부 수요를 기반으로 시장 진입 기회를 보장하면서 민간 투자의 유입을 유도하는 공공-민간 연계형 상업화 정책인 셈이다.

이와 함께 SBIR과 같은 프로그램을 뒷받침할 수 있는 우주산업 진흥기금, 규제 샌드박스, 공공-민간 공동구매 체계 구축 등도 병행적으로 추진되어야 한다. 이러한 정책 조합은 단순한 예산 지원을 넘어, 기술 → 시장 → 정책으로 이어지는 연속적 상업화 경로를 구축하는 것으로, 한국 우주산업 민간 생태계 조성을 위한 핵심 수단이 될 수 있다.

제도적 장애 요인

또한, 뉴스페이스 전략의 추진을 가로막는 여러 구조적 장애물들도 존재한다. 첫째, 아직 한국에서 공식적으로 표면화되진 않았지만, 앞으로 본격적인 민간 발사와 위성 운영 시대가 도래할 경우 겪게 될 것으로 예상되는 문제가 있다. 미국, 유럽, 일본 등에서는 통상 전파 할당, 궤도 등록, 발사 승인 등의 절차에 평균 6개월 이상이 소요되며, 이는 자본과 시간이 제한된 스타트업에 치명적인 제약으로 작용해 왔다.[22] 한국도 향후 민간 주도의 사업이 확대될 경우, 관련 인허가 절차의 병목과 제도 미비가 유사한 구조적 리스크로 전이될 수 있다.

둘째, 국내 기업들의 국제우주법과 협약 대응 능력이 미흡하다는 점이다. 한국은 2023년 기준으로 국제전기통신연합(ITU) 위성 등록 건수가 일본의 1/6, 중국의 1/12 수준이며, 이는 궤도 확보, 주파수 선점, 위성 운용권 주장 등에서 전략적 불리함을 초래할 수 있다.[23] 특히 ITU 등록 절차, 데이터 보호 규정, 국경 간 위성 서비스 제공과 같은 영역에서 법률적·외교적 전문성이 부족하며, 이를 뒷받침할 통합 국가 대응체계 역시 아직 체계화되어 있지 않다.

셋째, 전략 인재 수급의 불균형 또한 심각한 장애요인이다. 기술 중심 인력은 일정 부분 양성되고 있으나, 정책·법률·외교·경제를 아우르는 융합형 전략 인재는 극히 부족하다. 2022년 한국항공우주연구원의 조사에 따르면, 국내 우주산업 종사자의 80% 이상이 공학 및 기술 전공자이며, 국제협상과 정책기획 역량을 갖춘 전략 인력은 전체의 10%에도 못 미치는 수준이다.[24] 이로 인해 글로벌 우주 규범 정립, 우주안보 외교, 산업 생태계 설계와 같은 고차원의 전략 추진이 어려운 현실에 직면하고 있다.

경제 · 기후 · 식량을 연결하는 전략적 확장

우주기술은 현재 단지 과학기술의 영역을 넘어서, 국가의 경제 회복, 식량 자원 확보, 기후 변화 대응 등 다양한 분야에서 핵심 기반으로 부상하고 있다. 특히 자원이 제한된 한국 같은 국가에서는 우주가 지속 가능한 경제 모델을 실현하고 미래 전략 공간을 선점할 수 있는 중요한 기회이자 전략적 고지로 인식된다.

EU의 '코페르니쿠스 프로그램'은 위성 기반의 기후 모니터링과 농작물 예측 기술을 통해 농업 생산성을 매년 15~20% 향상시키고 있다.[25] 이 프로그램은 토양 수분, 재해 위험도, 작황 상태 등을 실시간으로 분석하여 농업 생산계획의 정밀화와 기후 리스크 대응에 기여하며, 이는 유럽의 농업 지속성과 식량 안전 확보, 나아가 재해 보험 상품 설계 등 공공정책에도 응용되고 있다.

NASA의 'Harvest 프로그램'은 아프리카와 남미의 농업 위기 지역을 대상으로 위성 정보를 분석·공유하여, 세계식량계획(WFP)이나 세계은행(WB) 등 국제기구의 긴급 식량 지원 정책의 기반 자료로 활용되고 있다.[26] 이러한 모델은 우주자산이 단지 선진국의 기술 경쟁 수단이 아니라, 지구 공공재(Global Public Goods)로서 인류 공동의 과제 해결에 기여할 수 있음을 보여준다.

한국도 위성 기반 기술과 AI 분석 역량을 바탕으로, 농림축산식품부, 농진청, 과학기술정보통신부, 외교부 등이 공동으로 협력하는 모델을 구축할 수 있다. 이 모델은 위성 데이터가 전통산업과 신산업, 국내 안보와 국제협력, 경제와 환경의 경계를 넘나드는 전략적 연결고리로 작동할 수 있다는 점에서 큰 전략적 의미가 있다. 국내적으로 기후 변화와 산불에 따른 농업 및 주거환경 회복력 강화와 통일 이후 북한의 농업과 환경 관련 정보 확보에도 활용될 수 있다. 또한, 개도국을 대상으로 위성 정보를 제공하는 공적개발원조(ODA: Official Development Assistance) 협력 모델은 단순한 기술 이전을 넘어, ▲위성 데이터를 활용한 농업재해 조기경보 시스템 구축, ▲재해 대응 인력 교육훈련, ▲기후 감시 플랫폼의 공동 운영 등으로 구체화될 수 있으며, 이는 한국의 소프트파워 제고 및 국제개발협력의 정당성 확보에 기여할 수 있다.

그러나 이러한 가능성을 실현하기 위해서는 몇 가지 제도적 장벽을 극복해야 한다. 위성 데이터의 공개 및 유통에 관한 법적 기준이 불명확하여 민간이 데이터를 자유롭게 가공·활용하는 데 제약이 따르며, 그로 인해 기술 혁신과 상용화가 저해되고 있다. 또한, AI 기반 예측모델 개발, 위성 이미지 해석, 그리고 현장 대응을 통합적으로 수행할 수 있는 융합형 인재가 부족하여 데이터가 실질적 정책 효과로 전환되지 못하는 문제가 발생하고 있다.

무엇보다, 다자개발은행(MDB), 국제기구, NGO 등과의 실시간 데이터 연계 및 공동 정책화 체계가 부재한 점은 국제 신뢰 확보에 걸림돌이 되고 있다. 그 이유는 ▲위성 데이터의 기술 표준이 국제기구 요구사항과 일치하지 않거나, ▲공공과 민간 부문 간 협력 채널이 분절되어 있으며, ▲외교 채널을 통한 일관된 국제협력 시그널 발신이 부족하기 때문이다.[27] 이러한 제도적 미비는 한국 위성 기술의 우수성에도 불구하고, 글로벌 우주협력 시장에서 제도적 파트너로 인식되지 못하는 한계를 초래할 수 있다.

다. 우주의 정치화와 국제협력 규범

우주는 이제 단지 과학기술의 실험장이 아니라, 정치적·전략적 이해관계가 집중되는 국제 정치의 중심 무대가 되고 있다. 뉴스페이스 흐름과 기술의 급속한 진전, 민간 부문의 부상은 우주 영역을 단순한 과학 탐구의 공간이 아니라, 국가 간의 이해와 갈등, 국내 정치의 영향까지 반영되는 복합적 정치 공간으로 재구성하고 있다. 이와 같은 '우주의 정치화'는 군사적 충돌 가능성과 법적 권리 분쟁을 가속화시키는 동시에, 기존 국제조약 체계의 한계를 드러내며 새로운 우주 규범과 거버넌스 정립의 필요성을 강하게 제기하고 있다.

군사화와 자원 소유권 분쟁으로 나타나는 정치 결합

오늘날 우주기술은 그 자체로 강력한 정치성과 전략성을 지닌다. 감시, 정찰, 통신, 항법 시스템은 평화적 용도와 동시에 전시 작전 통제, 정보 우위 확보를 위한 결정적 수단으로 활용되며, 기술력의 보유 자체가 국가의 정치적 영향력으로 직결된다. 더 나아가 최근에는 달, 행성, 궤도 슬롯과 같은 우주의 자원과 공간에 대해 실질적인 영유권(sovereignty) 혹은 우선 점유권(possession)을 주장하는 사례가 늘고 있다. 이는 기존의 우주 '무주지(無主地)' 개념을 넘어, 지구상의 영토 개념을 우주에까지 확장시키려는 시도로 해석된다.

이러한 군사화의 흐름은 미국, 중국, 러시아의 전략에서 명확히 드러난다. 미국은 2019년 우주군(US Space Force)을 창설하며, 우주를 독립된 작전 영역으로 규정하였다. 이는 GPS 기반 정밀타격 시스템을 육·해·공군의 작전 교리에 공식적으로 통합[28]함으로써, 우주 기술이 단순한 지원 도구가 아니라 핵심 전투 자산으로 자리 잡게 되었음을 보여준다. 중국은 '우주방어권'을 강조하며 ASAT, 전자공격, 위성 포섭 등의 기술을 통해 우주 제어 능력을 강화하고 있고, 러시아는 통신 교란 및 GPS 방해 기술을 실전 배치함으로써 직접적인 우주전 대응 능력을 과시하고 있다.[29]

이러한 변화는 단순히 기술 경쟁의 문제를 넘어, 기존 국제법과 규범 체계를 흔드는 중대한 도전이다. 결과적으로 1967년 체결된 외기권조약(Outer Space Treaty, OST)은 우주 공간을 군사화하지 말고, 어떤 국가도 점유해서는 안 된다는 평화적 원칙을 선언하고 있으나,[30] 오늘날의 현실은 이 이상에 부합하지 못하고 있다. 특히 미국의 아르테미스 협정은 '비군사적 자원 채굴은 허용된다'는 입장을 내세우고 있고, 이에 대해 중국과 러시아는 이를 사실상의 일방적 영유권 주장이라며 반발하고 있다. 이는 향후 달과 행성 자원에 대한 분쟁 가능성을 높이고 있으며, 각국의 입법 방향과 외교 전략에도 중대한 재편을 불러올 수 있는 신호로 해석된다.

더 나아가, 이와 같은 우주의 군사화는 무기화(Space Weaponization: 우주 공간에 무기를 배치하거나, 우주를 통해 무력을 행사할 수 있는 능력을 개발·운용)로 전이될 가능성이 점차 높아지고 있다. 이미 다수 국가들은 대위성무기, 레이저 무기, 고에너지 입자 무기, 전자기파 기반의 비가시적 교란체계 등을 연구·실험하고 있으며, 일부는 실전 배치에 가까운 상태에 도달하고 있다.[31] 이는 우주 공간이 정보 우위의 기반을 넘어, 실제 무력 충돌의 가능성을 갖는 전장(battlespace)으로 재편될 수 있음을 의미한다. 이러한 흐름에 대응하여 한국을 포함한 중견국들은 향후 우주무기금지협정(PAROS 등)[32]의 다자 협상에 전략적으로 참여하고, 무기 확산 방지와 안전한 이용 원칙에 기반한 국제규범 형성 노력에 적극적으로 개입할 필요가 있다.

현행 국제규범의 가장 큰 문제는 오늘날의 기술·상업 환경을 제대로 반영하지 못한다는 데 있다. 외기권조약은 냉전기 체제 속에서 형성된 이상주의적 합의에 기반하고 있어, 상업적 채굴, 경계 설정, 안보 적용 등의 현실 문제를 구체적으로 다루지 못하고 있다. 또한 우주 자원의 소유권을 어떻게 규정할 것인지에 대한 국제적 합의도 여전히 미비한 상황이며, 이 문제에 대해 한국은 아직 전략적 입장 정립이나 외교적 대응이 충분하지 않다. 한국은 향후 우주 안보전략과 자원 개발정책 측면에서 보다 분명한 원칙과 외교 전략을 마련해야 하며, 기술과 자원의 수용사(Passive Follower)가 아니라, 규범의 공동 설계자(Co-norm Setter)로서의 역할33)을 추구할 필요가 있다.

국내 정치와 우주정책의 불연속성 문제

우주정책은 장기적이고 안정적인 추진이 필수적인 영역이지만, 한국과 같이 대통령중심제 국가에서는 정권 교체나 정치적 변동성이 전략의 일관성을 해치는 요인으로 작용할 수 있다. 특히 정책과 예산, 제도, 인재 운용 등의 우주 생태계 전반이 특정 정권의 철학과 리더십에 의존하게 되면, 지속적인 기술 발전이나 국제협력에서 신뢰를 구축하기 어렵다.

이러한 구조적 문제가 드러난 대표 사례가 바로 우주항공청(KASA) 설립 논의다. 2022년부터 2024년까지, 한국 내에서는 KASA 설립을 두고 과학기술정보통신부, 국방부, 산업통상자원부 사이에 주도권 경쟁이 발생했으며, 국회에서는 조직 위상과 권한 범위를 둘러싼 여야 간 갈등이 격화되었다.34) 이는 단지 제도화 추진이 어려웠다는 데 그치지 않고, 정부와 국회의 정책 연계성 부재, 즉 정치적 불안정성이 우주전략의 실행력을 제한하는 결정적 장애 요인이 되고 있음을 보여준다.

이와 같은 정치적 변동성은 단지 국내 문제로 끝나지 않는다. 민간 투자자는 정부의 정책 일관성에 매우 민감하게 반응하기 때문에, 정책의 연속성이 보장되지 않는 환경에서는 중장기적 투자 계획 수립을 꺼리게 된다. 특히 스타트업이나 혁신 기업의 경우, 규제나 조달 정책이 정권에 따라 자주 바뀌면 생존 전략 자체를 수정해야 하는 상황이 발생할 수 있다. 국제협력에 있어서도 문제가 된다. NASA, ESA와 같은 주요 우주기관은 파트너 국가의 정책 일관성을 중요하게 여기며, 수년간의 협력 프레임워크를 기반으로 움직이기 때문에, 한국이 일관된 전략을 유지하지 못하면 국제적 신뢰도에도 부정적인 영향을 줄 수 있다.

이러한 문제를 해결하기 위해서는 초당적 합의 기반의 국가 전략 프레임워크가 필요하다. 국회 중심의 '국가우주전략기본법' 제정과 여야 간 법제화 합의가 우선되어야 하며, 정권 변화와 무관하게 전략적 일관성을 유지할 수 있는 제도적 장치를 마련해야 한다. 아울러 정부 조직 구조도 산업, 안보, 외교를 통합할 수 있는 전략적 조정 기능을 갖춰야 하며, 인사 정책 역시 정권에 따라 흔들리는 관행을 탈피해 전문성과 전략성을 우선하는 방향으로 개편해야 한다.

새로운 우주 거버넌스를 위한 규범 확립

우주정책의 미래는 단지 기술이나 자원의 확보에서 끝나지 않는다. 오히려 더 중요한 것은 그러한 기술과 자원을 어떤 규칙에 따라 사용할 것인지, 그리고 그 규칙을 누가 설계할 것인지를 둘러싼 국제 거버넌스 설계 권한의 확보이다. 이는 국제사회에서 기술을 넘어 '규범'을 주도하는 역량, 즉 전략적 룰메이커(Rule-Maker)로서의 지위를 누가 가져가느냐의 문제로 귀결된다.

미국은 최근 우주교통관리(STM: Space Traffic Management)의 법제화를 통해, 우주물체의 실시간 추적, 접촉 회피, 충돌 경보, 진입 및 퇴역 절차 등을 규정하고 있으며, 이에 따른 기술적 정보는 자국의 상업체에만 제공하겠다는 입장을 천명한 바 있다.[35] 이는 단순한 기술 관리의 문제가 아니라, 규범을 선점하고 이를 통해 국제적 영향력을 행사하려는 전략의 일환이라 할 수 있다.

이에 유럽과 아시아 국가들은 기술정보의 비대칭성, 공공성 원칙 훼손 등을 이유로 UN COPUOS 산하 가이드라인 기반의 다자적 거버넌스 체계 정립을 요구하고 있으며, 이는 향후 우주 관련 기준 수립 권한을 둘러싼 새로운 경쟁 구도로 이어질 가능성이 크다.

한국도 단순한 수용국이나 방관자가 아닌, 규범 공동 설계자(Co-norm Setter)로서의 전략을 세워야 한다. 규범을 주도하는 국가는 단순히 국제법을 따르는 수준이 아니라, 기술 인증 기준, 시장 접근 규칙, 민간 진입 요건 등 시장 질서 형성의 실질적 권한을 가지며, 이는 자국 기업에 직접적 경쟁 우위를 부여하는 전략 자산이 된다.

하지만 현실적으로 한국은 여전히 규범 기반 대응에서 구조적 한계를 갖고 있다. 첫째, 과학기술 중심 정책 운영으로 인해 국제우주법, 상업 조약, 안보 협정 등에 정통한 법률·외교 전문가가 절대적으로 부족하다. 둘째, UN COPUOS, IADC 등 주요 기구 내 발언권과 제안 활동이 상대적으로 미약하며, 다자 협상 주도 능력 역시 제한적이다. 셋째, 민간 기업이나 연구기관을 위한 국제법적 행동가이드라인이 부족하여, 해외 진출 시 법적 책임 분산이나 정책적 지원이 제한되고 있다. 아주 적합한 예는 아니지만 2020~2023년 COPUOS 회의 기준으로 한국의 발언 순위는 25위권 밖이며, 외교부 내 우주정책 전담 인력은 전체의 2% 미만에 불과하다는 분석이 제시된 바 있다.[36] 이는 한국이 여전히 국제규범 경쟁에서 실질적 존재감을 확보하지 못하고 있음을 보여주는 지표일 가능성이 높다.

라. 우주 시장경제의 확대 발전

21세기 우주개발은 점차 과학탐사 중심에서 산업과 시장 중심으로 재편되고 있다. 국가 주도의 '올드스페이스(Old Space)' 패러다임을 넘어, 민간 기업들이 주도권을 갖는 '뉴스페이스(New Space)' 시대가 본격화되며, 우주 공간은 더 이상 실험 대상이 아니라 실제적인 산업 현장으로 변화하고 있다. 특히 지구상의 1차 산업(자원 채굴), 2차 산업(제조 및 운송), 3차 산업(서비스 및 고부가가치 실험)의 구조가 그대로 우주로 확장되면서, 산업 패러다임 자체가 재구성되고 있는 것이다.

이러한 변화는 단순히 시장의 활성화에 머무르지 않는다. 그것은 곧 국가 경제 전략, 안보전략, 외교 전략까지 동시에 변화시키는 구조적 전환이며, 이에 따라 우주 시장경제가 새로운 국가경쟁력의 핵심 축으로 떠오르고 있다. 이러한 배경 속에서, 한국이 미래의 우주경제를 주도하기 위해서는 인적 자원, 기술 인프라, 법제도, 금융 등 복합적 전략 기반을 통합적으로 정비할 필요가 있다.

우주에서의 1~3차 산업 활동의 확대

자원 채굴과 에너지 확보로 대표되는 1차 산업은 이제 단지 기술적 호기심을 넘어서 지구 자원의 고갈에 대비한 필수 전략으로 떠오르고 있다. 달과 소행성에는 희귀금속, 수분, 산소, 그리고 핵융합 에너지의 잠재 자원인 헬륨-3(He-3) 등이 풍부하게 존재하는 것으로 알려져 있다. NASA의 아르테미스 프로그램은 이러한 자원을 실제로 활용하기 위해 달 남극의 물 얼음을 채굴하여 산소와 수소로 분해해 생존 기반과 연료로 활용하는 방안을 추진하고 있으며,[37] 중국 달의 여신에서 명칭을 가져온 창어(嫦娥) 계획도 NASA와 유사한 자원 탐사에 착수하고 있다.[38] 유럽과 룩셈부르크는 민간 기업과 협력하여 소행성을 자원 개발의 새로운 시장으로 개척하고 있다. 특히 룩셈부르크는 2016년 세계 최초로 「우주 자원 이용법」을 제정하여, 우주에서 채굴한 자원에 대한 민간 기업의 소유권을 법적으로 보장하였으며, 유망 우주 광물 채굴 기업을 유치해 '우주 채굴 허브'로서의 국가 전략을 추진 중이다.[39] 여기에 더해 중국은 2030년까지 궤도상에서 수집한 태양에너지를 지상으로 전송하는 우주 태양광발전(SSPS) 실험을 계획하고 있어,[40] 우주 자원이 기후 변화와 에너지 위기 대응에 새로운 대안을 제공할 수 있음을 보여준다.

제조와 운송이 중심이 되는 2차 산업도 빠르게 발전하고 있다. NASA는 민간 기업 ICON과 협력해 달 표면에서 3D 프린팅 기술을 활용해 거주지와 기반시설을 건설하는 'Project Olympus'를 진행 중인데, 이는 달 표면의 토양을 직접 활용하여 건축 자재로 전환하는 현지 자원 활용(ISRU: In Situ Resource Utilization) 기술을 활용한 것이다.[41] 또 일본의 오바야시 건설은 탄소나노튜브 재료를 활용해 지구에서 궤도까지 연결하는 우주엘리베이터 구상을 제시하고 있으며,[42] 이는 로켓을 대체할 차세대 대량 수송체계로서의 가능성을 보여준다. 한편 SpaceX는 Falcon 9과 Starship을 통해 발사 단가를 대폭 낮추었고, Blue Origin, Arianespace 역시 상업용 소형 위성 시장을 놓고 치열한 경쟁을 벌이고 있다. 특히 스타링크(Starlink)는 수천 개의 저궤도 위성을 자사의 로켓으로 반복 발사 해 전 세계에 인터넷을 제공함으로써, 통신 서비스뿐만 아니라 우주운송까지 아우르는 새로운 복합 산업의 형태[43]를 보여주고 있다.

서비스와 실험이 결합된 3차 산업도 주목할 필요가 있다. Axiom Space는 민간용 우주정거장을 개발 중인데,[44] 기존의 ISS가 국가 중심의 과학 실험 플랫폼이었다면, Axiom은 우주관광, 기업 거주, 민간 실험, 위성 조립 등 복합 상업기능을 수용하는 새로운 형태의 공간 산업 플랫폼이다. 의료 영역에서는 무중력 환경을 활용한 암세포 실험, 약물 반응 연구, 생리계통 메커니즘 연구가 활발히 이뤄지고 있으며,[45] 농업 분야에서도 우주에서의 식물 재배 실험을 통해, 고온·건조·저산소 같은 극한 환경에서도 생장 가능한 품종이나 재배 방법을 연구하고 있으며, 이는 미래 기후 변화에 대비한 농업 기술의 토대가 되고 있다.[46] 이는 단순히 '우주에서 무엇을 실험할 수 있는가'를 넘어서, 지구 산업 자체가 우주환경과 융합되어 확장되고 있음을 보여준다.

한편, 우주 4차 산업은 현재 판단으로 많은 제약사항들이 있어

보인다. 인공지능, 로봇공학, 자동화 기술이 우주 경제와 결합하고 새로운 부가 가치를 창출하는 데 있어 기술적, 경제적, 시간적 어려움이 크고 산재해 있기 때문이다. 그럼에도 불구하고 우주 4차 산업의 발전 가능성을 사전에 판단하고 여건을 조성하려는 국가 차원의 전략적 노력은 지속될 필요가 있다.

우주시장경제 기반 조성을 위한 인적·물적 여건 정비

이처럼 우주에서 실제적인 산업 활동이 활발해질수록, 이를 뒷받침할 수 있는 인적 기반과 물적 기반, 그리고 법·제도적 여건의 정비가 필수적이다. 특히 시장 중심의 경제구조로서의 우주산업을 지속적으로 발전시키기 위해서는, 단순한 과학기술이 아닌 산업 생태계 전체를 통합적으로 구축하는 전략적 안목이 필요하다.

먼저 인적 기반은 기존의 공학 중심에서 벗어나, 우주법, 경제, 생명과학, 정책, 윤리 등을 아우르는 융합형 인재 양성을 중심으로 재편되어야 한다. ESA는 Space Academy 프로그램을 통해 우주산업 특화 고등교육을 연계하고 있으며,[47] NASA도 민간 연구기관과 협력해 산업 연계형 교육 과정을 운영 중이다. 한국 역시 KAIST, UNIST, 한국항공대학교 등을 중심으로 융합형 교육과정을 시도하고 있지만,[48] 여전히 산업 현장과 글로벌 시장을 연계한 실전형 인재 육성 체계가 부족하다.

여기에 더해 물적 기반의 정비는 산업 지속성과 경쟁력 확보의 핵심 축이다. 특히 인프라, 법·제도, 금융 기반은 상호연계 된 세 가지 축으로서 동시에 추진되어야 한다.

① 물리적 인프라는 우주산업의 생산·시험·운영 공간을 물리적으로 뒷받침하는 기반으로, 한국의 경우 나로우주센터, 해상 발사기지, 위성 조립 및 시험시설, 우주광물 처리 단지 등의 다각적 설비가 요구된다.

② 법·제도 기반은 기술 보급과 산업 활동이 합법적이고 안정적으로 이뤄지기 위한 토대이며, 우주물체 등록, 우주책임보험, 기술 수출 통제 등의 규범 마련이 핵심이다. 룩셈부르크는 이미 자원 채굴 기업에 법적 지위를 부여해 투자 유치를 확대했고, UAE는 우주보험 제도를 도입해 민간의 위험 부담을 분산시켰다.[49]

③ 금융 기반은 고위험·고비용 구조의 우주산업을 실질적으로 추진하기 위한 자본 흐름을 의미한다. 이에 일본은 JAXA(우주항공연구개발기구)와 NEDO(신에너지산업기술종합개발기구)가 공동으로, 우주에서 개발된 기술을 민간 기업이 상용화할 수 있도록 기술이전과 사업화를 지원하고 있으며,[50] 한국도 민간 투자 유인 확대를 위한 정부 보조금, 전용 펀드, 보험 제도 등을 도입하여 시행해야 한다.

이 세 축은 각각 독립적으로 작동하는 것이 아니라, 우주산업의 시장 진환을 위한 종합 생태계로 긴밀하게 연결되어야 한다.

전략적 주도권 확보를 위한 준비

우주 시장경제의 확대는 단순히 산업 다각화를 넘어, 국가가 세계질서 내에서 새로운 경제·기술 중심축으로 올라설 수 있는 결정적 기회이다. 이는 에너지, 자원, 운송, 보건, 농업 등 핵심 공공 기능이 모두 우주와 연결되는 구조 속에서, 누가 우주경제의 질서를 설계하고 선도하느냐가 향후 국가 주권과 국제적 영향력에 직접적으로 연결되는 구조적 전환이기 때문이다.

따라서 한국은 단순한 '빠른 추격자(Fast Follower)'가 아니라, 시장 설계자이자 규범 공동 설계자(Co-norm Setter)로서의 역할을 강화해야 함을 재차 강조한다. 또한 이를 위해서는 단기적으로 핵심 기술 확보와 우주산업법 제정, 중기적으로 민간 파트너 육성과 지역 우주 클러스터 조성, 장기적으로는 국제우주거버넌스 참여와 개도국 우주 ODA 협력 확대 등, 계획된 단계별 이행 전략을 오늘부터라도 모두가 협력하여 수립·실천해야 할 것이다.

맺음말

　　한국 사회에서 20대 남자가 여자 친구에게 하지 말아야 할 두 가지 이야기가 군대생활과 축구에 관한 것이라고 한다. 그런데 더더욱 하지 말아야 할 이야기는 군대에서 축구한 이야기라는 우스갯소리가 있다. 그런데 필자가 한국의 우주전략을 쓰고 난 뒤 국민들의 관심이 낮은 우주와 전략을 엮어놓은 것 같은 마음이 드는 것에 대해 기우이기를 희망한다.

　　2019년, 미국의 랜드연구소에서 방문연구원으로 머물던 시절, 젊은 박사과정 연구자들과 함께 미국의 우주전략에 대해 토론을 하고 LA 시청에 우주 관광에 대한 프로젝트를 제안하기 위해 몇 날 밤을 새면서 표현하기 어려운 복잡한 감정에 휩싸였다. 미국의 젊은 학도들은 "왜 우주인가?"라는 질문을 낯설지 않게 받아들였고, 기술을 넘어서, 우주를 '정치와 철학이 만나는 무대'로 자연스럽게 인식하고 있었다. 이 젊은 세대가 가진 질문의 수준과 방향은 놀라웠고, 동시에 나의 조국, 한국에 대해서는 조용한 의구

심이 생겼다. '과연 우리나라는 지금 이 시점에서, 우주라는 거대한 판에 어떻게 참여하고 있는가?'

한국으로 돌아오는 비행기 안에서, 저자는 '한국이 우주를 어떤 시선으로 바라보고 있는가'라는 질문을 계속 되새겼지만 한국에 도착 후 개인 일상의 팍팍함으로 쉽게 잊어버렸다. 하지만 2024년, 그 질문이 되살아났으며 이 책을 쓰기 시작했다.

물론, 지금 한국은 변화하고 있다. 우주를 향한 열망은 점점 더 구체적인 궤도를 따라가고 있다. 한미 간의 전략 대화가 늘어나고, 민간 기업 간 교류도 활발하다. 어느새 우리는 과거 수동적인 추종자에서, 전략을 함께 그려가는 파트너로 조금씩 발돋움하고 있는 것이 느껴진다.

그럼에도 불구하고, 마음 한쪽에서는 여전히 '조심스러운 낙관'이 자리 잡고 있다. 왜냐하면, 많은 한국의 과학자와 산업 인재들이 우주를 향해 치열하게 달리고 있음에도 불구하고, 많은 국민은 아직도 우주를 '먼 이야기', '현실과 동떨어진 영역'으로 느낀다. 이 거리감은 단지 정보의 부족 때문만은 아닐 것이다. 코로나 팬데믹이 남긴 경제적 후유증, 정치적으로 불안정한 공론장, 그리고 매일 뉴스에서 쏟아지는 위기 담론 속에서 사람들은 '눈앞의 현실'에 집중할 수밖에 없었고, 우주라는 단어는 너무 멀리, 너무 추상적인 것처럼 느껴졌을지도 모른다.

그러나 저자는 이렇게 믿고 말하고 싶다. 우주는 단지 위성을 쏘는 기술을 발전시키고 경제적 이익을 얼마나 챙기는가의 문제가 아니라, 국가가 미래를 얼마나 길게 내다보는가, 그리고 국민과 그 미래를 어떻게 공유할 수 있는가에 대한 이야기라고. 또한 국민들이 우주를 멀게 느낄 수 있지만 사실은 우리 삶의 미래와 연결된 공간이며, 우리 아이들이 살아갈 질서를 설계하는 무대라는 사실을. 그렇기에 우주정책은 기술정책인 동시에 교육이고, 문화이고, 외교이며, 어쩌면 우리가 어떤 사회를 꿈꾸는가에 대한 철학적인 응답일지도 모른다.

이 책의 표지와 장별 구분에 전통적인 민화기법으로 호랑이를 그려 넣은 이유도 여기에 있다. 호랑이는 한국인의 상징이지만, 단지 용맹함 때문만은 아니다. 호랑이는 조용히 지형을 읽고, 때를 기다리고, 결정적인 순간에 도약할 줄 아는 전략적 동물이다.

지금 한국은 조용히 힘을 모으는 시간, 그 도약을 준비하는 시간에 와 있다고 저자는 생각한다. 우주시대는 더 이상 상상 속의 이야기가 아니다. 이제는 그것이 우리 모두의 전략적 사고이자, 미래를 준비하는 구체적 현실이 되어야 한다.

미주

Ⅰ. 우주시대 출발점

가. 우주시대 생각의 지도

1. 개인의 일상과 우주

1) U.S. Space Force Fact Sheet – *Global Positioning System*, 2023; 미국 우주군 산하 2SOPS가 운영하는 GPS 위성군은 총 31기 이상으로 구성됨.
2) ibid.
3) NASA Meteoroid Environment Office. *Annual Report on Fireballs and Meteor Activity*, 2022.
4) NOAA Space Weather Prediction Center. *Solar Storm Alert: CME Impact Bulletin*, 2023.
5) North American Electric Reliability Corporation (NERC). *High-Impact, Low-Frequency Event Risk Report*, 2021; 1989년 퀘벡 전력망은 GIC로 인한 정전 사태로 9시간 이상 마비됨.

2. 국가이익과 우주전략

6) Hans J. Morgenthau, *Politics Among Nations: The Struggle for Power and Peace*, McGraw-Hill, 1985.
7) Robert O. Keohane & Joseph S. Nye, *Power and Interdependence*, 4th ed., Pearson, 2012.
8) Alexander Wendt, *Social Theory of International Politics*, Cambridge University Press, 1999.

9) Colin S. Gray, *Modern Strategy*, Oxford University Press, 1999.
10) Eligar Sadeh, *Space Strategy in the 21st Century: Theory and Policy*, Routledge, 2013.
11) 김진웅, 「한국 전략문화의 형성과 특성」, 『전략연구』 제28권 제1호, 2021.

나. 우주시대의 한국

1. 한국 우주 분야의 성장

12) Korea Aerospace Research Institute, 홈페이지 다누리 소개.
13) 과학기술정보통신부, 「2024년 과학기술예산 배분·조정안」.
14) 과학기술정보통신부, 「제4차 우주개발진흥기본계획(2023~2045)」, 2022.
15) 국방부 보도자료, 「2023 군 정찰위성 1호 발사 성공」, 2023.
16) Korea Policy Briefing, "한국, 아르테미스 동맹 10번째 가입국," 2021.
17) NASA, "KPLO Mission Overview," 2022.
18) United States Space Force, Joint Space Security Dialogue, 2023.
19) European Space Agency, "ESA-KARI Space Cooperation Brief," 2023.

2. 우주시대의 역사적 추론과 교훈

20) 'Great White Fleet'은 1907~1909년 미국 시어도어 루스벨트 대통령의 지시에 따라, 미국 해군 전함 16척이 세계 일주를 하며 국력을 과시한 사건으로, 미국의 해양력과 외교전략의 결합을 상징함.
21) FAA Historical Aviation Statistics; Smithsonian National Air and Space Museum, "The Golden Age of Aviation," 2022.
22) NASA & U.S. Space Force, "Commercial Partnerships in Space Strategy," 2021.
23) UNOOSA Legal Subcommittee, "Review of the Outer Space Treaty in the New Space Era," 2023.

II. 우주 발전 전략의 시대: 누가/어디서/무엇을/왜

가. 우주시대 행위자(Space Actor)

1. 우주시대의 진화

1) NASA, *Sputnik and the Dawn of the Space Age*, 2007.
2) NASA History Office, *NASA's First 50 Years*, 2008.
3) Richelson, J. T. *America's Space Sentinels*. University Press of Kansas, 1999.
4) Moltz, J. C. *The Politics of Space Security*, Stanford University Press, 2011.
5) NASA, *Apollo-Soyuz Test Project Overview*, 나사 홈페이지.
6) Launius, R. D. *NASA: A History of the U.S. Civil Space Program*, Krieger, 2002.
7) Johnson-Freese, J. *China's Space Program: A Strategic Overview*, Naval War College Review, 2004.
8) Henry, C. *Iridium and the Business of Satellite Communications*, SpaceNews, 2018.
9) NASA, *Demo-2 Crew Dragon Launch Summary*, 2020.
10) Moltz, J. C. *Asia's Space Race*, Columbia University Press, 2011.

2. 뉴스페이스 시대 행위자들의 역할과 책임

11) OECD. *The Space Economy in Figures, 2020.*; UNOOSA. *Guidelines for the Long-term Sustainability of Outer Space Activities*, 2019.; Collins & Stockmans. The Role of National Space Strategies, 2019., Space Policy, 47; NASA. PublicPrivate Partnership Strategy, 2019.
12) 한국 과학기술정보통신부, "우주개발진흥법."
13) U.S. Space Force 공식홈페이지.
14) OECD. *The Space Economy in Figures*. Paris: OECD Publishing, 2020.

3. 한국 사회의 전략적 우주사고 강화

1) 시공간 인식의 전환:
전략은 우주의 본질을 묻는 데서 시작된다

15) Einstein, A. *Zur Elektrodynamik bewegter Körper*(On the Electrodynamics of Moving Bodies), 1905.

16) Ashby, N. "*Relativity and the Global Positioning System.*" *Physics Today*, 55(5), 2003.

17) Einstein, A. *The Field Equations of Gravitation*, 1915.

18) Heisenberg, W. *Über den anschaulichen Inhalt der quantentheoretischen Kinematik und Mechanik*, 1927.

19) Preskill, J. "Quantum Computing in the NISQ era and beyond." *Quantum*, 2, 79, 2018.

20) Hawking, S. *A Brief History of Time*, 1988.

21) Tegmark, M. *Our Mathematical Universe: My Quest for the Ultimate Nature of Reality*, 2014.

2) 시스템 사고:
우주전략의 구조를 이해하는 시야

22) Kessler, D. J., & Cour-Palais, B. G. "Collision Frequency of Artificial Satellites: The Creation of a Debris Belt." *Journal of Geophysical Research*, 83(A6), 2637–2646, 1978.

23) Rogers Commission Report. *Report of the Presidential Commission on the Space Shuttle Challenger Accident*. Washington, D.C., 1986.

3) 창의적 사고:
불확실성 속에서 가능성을 상상하고 전략으로 연결하기

24) OECD. *Strategic Foresight for Better Policies*, 2020.

25) Bason, Christian. *Leading Public Sector Innovation: Co-creating for a Better Society*. Policy Press, 2010.

26) Parkinson, B. W., &Spilker, J. J. *Global Positioning System: Theory and Applications Vol. I*. AIAA, 1996.

27) Bhatt, K. "How GPS Became a Public Utility." *Defense One*, 2022.
28) National Coordination Office for PNT. "End of Selective Availability."
29) NASA. "Demo-2 Crew Dragon Launch Summary," 2020.
30) Henry, C. "SpaceX Starlink and the Rules of Orbital Real Estate." *SpaceNews*, 2020.
31) Jakhu, R. *International Space Law and Commercial Space Activities*. Springer, 2010.

4) 비판적 사고:
복잡한 위협 환경에서 의미 있는 구조를 식별하기

32) Paul, R., & Elder, L. *Critical Thinking: Tools for Taking Charge of Your Learning and Your Life*. Pearson Education, 2006.
33) United States Government. *U.S. National Space Policy*. The White House, August 31, 2006.
34) U.S. Department of Defense & Director of National Intelligence. *National Security Space Strategy: Mission Assurance Strategy*. Washington D.C., 2007.
35) Union of Concerned Scientists. *Chinese ASAT Test Fact Sheet*, 2008.

5) 윤리적 사고:
우주의 미래를 위한 책임 있는 전략적 시야

36) Beauchamp, T. L., &Childress, J. F. *Principles of Biomedical Ethics*. Oxford University Press, 2009.
37) Sandel, M. *Justice: What's the Right Thing to Do?* Farrar, Straus and Giroux, 2009.
38) Kaul, I., Grunberg, I., &Stern, M. A. *Global Public Goods: International Cooperation in the 21st Century*. UNDP/Oxford University Press, 1999.
39) Johnson-Freese, J. *Space as a Strategic Asset*. Columbia University Press, 2007.
40) Tronchetti, F. *The Exploitation of Natural Resources of the Moon and Other Celestial Bodies: A Proposal for a Legal Regime*. Martinus Nijhoff Publishers, 2009.
41) Ross, M., Toohey, D. W., Peinemann, M., &Ross, P. N. *Limits on the Space Launch Market Related to Stratospheric Ozone Depletion*. Astropolitics, 2010.

나. 우주의 전략 환경

1. 혼잡한(congested) 우주환경

42) Fédération Aéronautique Internationale (FAI), "The Kármán Line."
43) ESA, "Space Radiation and Satellite Systems."
44) NOAA, "Plasma-Induced Satellite Anomalies," 2013 Case Study.
45) SpaceX, "Starlink Satellite Loss Due to Geomagnetic Storm," February 2022.
46) ESA, "Sentinel-1A Collision Damage Report," 2016.
47) UCS, Satellite Database, 2024.
48) EUMETSAT, "Molniya Orbit and Arctic Coverage."
49) NASA, "James Webb Space Telescope at L2," 2022.
50) NASA Artemis Program Overview; CNSA Chang'e Program Briefings; ISRO Chandrayaan-2 Mission Reports.

2. 다툼의(contested) 우주환경

51) Stares, P. *The Militarization of Space*. Cornell University Press, 1987.
52) U.S. Department of Defense. *Defense Space Strategy Summary*, 2020.
53) Weeden, B., &Samson, V. *Global Counterspace Capabilities*. Secure World Foundation, 2023.
54) NASA Orbital Debris Program. "Post-Russian ASAT Test Update," 2021.
55) Lee, J. H. "North Korea and Russia: New Space Collaboration?" *East Asian Strategic Review*, 2023.
56) Indian Defence Review. "India's ASAT and Strategic Deterrence," 2019.
57) Mazarr, M. J. *Mastering the Gray Zone*. U.S. Army War College Press, 2015.
58) U.S. Joint Chiefs of Staff. *Joint Doctrine for Space Operations*, 2023.
59) Johnson-Freese, J. *Space as a Strategic Asset*. Columbia University Press, 2007.
60) Japan Ministry of Defense. "Establishment of Space Operations Squadron," 2020.

61) C4ADS. "Space, Cyber, and the Ukraine Conflict," 2022.

62) Moltz, J. C. *The Politics of Space Security*. Stanford University Press, 2011.

63) Krepon, M. *Winning and Losing the Space Race*. Stimson Center, 2021.

3. 경쟁적인(competitive) 우주환경

64) NASA, *Artemis Accords*, 2024.

65) CNSA, *International Lunar Research Station(ILRS) Roadmap*, 2021.

66) ESA, *Galileo Overview*, 2023.

67) ISRO, *Chandrayaan/Mangalyaan Mission Briefings*, 2023.

68) KARI, 『누리호 개발 및 한국형 위성발사체 산업 육성전략』, 2023.

69) C4ADS, *Space, Cyber, and the Ukraine Conflict*, 2022.

70) Pelton, J., *New Space and the Ethics of Space Exploration*, Springer, 2022.

71) ESA, NASA, KARI 등, 각국 재난 영상 공유 협력 협정문서 및 Sentinel 사례 등을 종합.

4. 전통적 전략 환경과의 비교

72) Jakhu, R., Sgobba, T., &Dempsey, P., *The Need for an Integrated Regulatory Regime for Aviation and Space*. Springer, 2011.

73) U.S. Army War College, *Strategic Leadership Primer*. Carlisle, PA. U.S. Army War College Press. 1998.; Bennett, N., & Lemoine, G. J. "What VUCA Really Means for You." Harvard Business Review, 2014.

74) Weeden, B. "Space Mobility: Military Opportunities and Challenges." Secure World Foundation, 2020.

75) Tronchetti, F. *The Exploitation of Natural Resources of the Moon and Other Celestial Bodies*. Springer, 2022.

다. 우주활동의 통합적 이해와 균형적 접근

1. 안보, 안전, 안정성, 지속성의 상호관계

76) Nye, J. *Understanding International Conflicts: An Introductionto Theory and History*. Pearson, 2009.

77) Acton, J. "Escalation through Entanglement." *International Security*, 2018.

78) IISS. *Strategic Dossier: Space and the Future of Deterrence*, 2020.

79) ISO 31000:2018. *Risk Management – Guidelines*, 2018.

80) Schelling, T. *The Strategy of Conflict*. Harvard University Press, 1960.

81) ibid.

82) ISO 31010:2019. *Risk Assessment Techniques*, 2019.

83) NASA. *Safety and Mission Assurance Risk Management Handbook*, 2021.

84) ESA. "Collision Avoidance Maneuver against Starlink," 2019.

85) ibid.

86) OECD, Space Sustainability: The Economics of Space Safety and Debris Mitigation, 2020.

87) UNIDIR. *Framework for Space Security: A Holistic Approach*, 2020.

88) ibid.

89) Secure World Foundation. *Global Counterspace Capabilities*, 2017.

90) ibid.

91) IISS. *Strategic Dossier: Space and the Future of Deterrence*, 2020.

92) US Space Command. *Annual Report to Congress*, 2023.

93) Pelton, J. *New Space and the Ethics of Space Exploration*. Springer, 2022.

94) OECD. *Space Safety and Security*, 2018.

2. 국내외 정치적 고려사항: 정치적 시각과 전략적 균형

95) Waltz, K. *Theory of International Politics*. McGraw-Hill, 1979.

96) Keohane, R. O. *After Hegemony: Cooperation and Discord in the World Political Economy*. Princeton University Press, 1984.

97) McKenzie, R. *Technological Determinism in Space Policy*. Space Policy Journal, 2022.

98) OECD, *The Space Economy for People, Planet and Prosperity*, 2021.

99) Stiglitz, J. *The Price of Inequality*. W.W. Norton &Company, 2012.

100) 권순재, 「한국 우주정책에서의 민·군 통합의 딜레마」, 『전략연구』, 제31권 제1호, 한국전략문제연구소, 2023.

III. 우주 발전 전략 수립: 무엇을/무엇으로/어떻게

가. 전략의 목표 · 방법 · 수단 구상

1. 전략의 사전분석

1) U.S.-China Economic and Security Review Commission. *2007 Report to Congress*, 2007.

2) Nuechterlein, D. E. *National Interests and National Strategy*. Presidential Studies Quarterly, Vol. 19, No. 2, Spring, 1989.

3) Axe, D. "Russia's Jamming of Starlink Is Hitting Ukraine's Troops Hard." *Forbes*, April 2023.

4) Center for Strategic and International Studies (CSIS). *Space Threat Assessment 2024*. Washington D.C., 2024.

5) NASA. *Cybersecurity Incidents and Supply Chain Attacks in the Space Sector*, 2023.; European Space Agency (ESA). Cybersecurity in ESA Space Projects, 2023.

6) Morgan Stanley. *Space: Investing in the Final Frontier*, 2021.

7) PwC. *Sizing the Space Economy*, 2022.; 한국항공우주연구원. 누리호 발사성과 종합 분석 보고서, 2023.

8) 과학기술정보통신부. *2024년 우주산업백서*; 한국우주산업진흥협회(KASA). 국가우주개발진흥 시행계획 및 통계, 2024.

2. 전략의 목표

9) Freedman, L. *Strategy: A History*. Oxford University Press, 2013.

10) White House. *National Space Policy of the United States of America*, 2020.

11) 국방부, 「국방전략서(안)」, 2023.

12) European Space Agency. *ESA Agenda 2025*, 2021.

13) 과학기술정보통신부, 「제4차 우주개발진흥 기본계획」, 2022.

14) Secure World Foundation. *Global Counterspace Capabilities*, 2023.

15) Presidential Archives, Korea. *Moon Administration Space Policy*, 2021.

16) U.S.-Japan Security Consultative Committee. *Joint Statement on Space Security Cooperation*, 2021.

3. 전략의 방법

17) European Investment Bank (EIB). *Space Value Chains and Ecosystem Models*, 2022.

18) Iansiti, M., &Levien, R. *Strategy as Ecology*, Harvard Business Review, 2004.

19) OECD. *Space Economy for People, Planet and Prosperity*, 2022.

20) Pwc. *The Evolving Space Economy: Ecosystem vs. Value Chain Perspectives*, 2021.

21) World Economic Forum. *Building Space for the Future: Space Industry Ecosystems and Global Coordination*, 2021.

22) UNOOSA. *Space Sustainability and ESG Alignment Report*, 2022.

4. 전략의 수단

23) Gray, C. S. *Modern Strategy*. Oxford University Press, 1999.
24) 국방부 · 과기정통부 공동 보고서, 『우주감시체계 민군 연계방안』, 2023.
25) 산업부 · 중기부 공동, 『우주산업 창업지원 백서』, 2022.; '여기서 언급한 '규제 샌드박스'는 새로운 기술이나 서비스에 대해 일정 기간 기존 규제를 면제하거나 완화하여 테스트할 수 있도록 허용하는 제도로, 초기 혁신 기업의 진입장벽을 낮추기 위한 장치를 의미'.
26) 외교부 · 과기부, 『우주외교인력 양성 및 외교관 파견전략』, 2023.
27) OECD, *The Space Economy at a Glance 2022*, OECD Publishing.
28) JAXA-NASA, ESA-KARI 협정문 및 공동 개발 백서(2019–2023).

5. 상호작용과 기대효과

29) Gray, C. S. *The Strategy Bridge: Theory for Practice*. Oxford University Press, 2010.
30) OECD. *The Space Economy in Figures: How Space Contributes to the Global Economy*. OECD Publishing, 2019.
31) U.S. Department of Defense. *Defense Space Strategy Summary*, 2020.
32) 한국항공우주연구원(KARI). 『한국 우주산업 전략 보고서』, 2023.

나. 전략의 안정성 확보: 타당성 평가와 위험관리

33) Joint Chiefs of Staff, *JP 5-0: Joint Planning*, 2020.
34) Carl von Clausewitz, *On War*, 1832. "모든 전략은 그것이 설정된 정치적 목적과 환경에 적합해야 한다"고 강조하며, 적합성 개념의 철학적 기반을 제공.
35) Scott D. Sagan, *The Limits of Safety: Organizations, Accidents, and Nuclear Weapons*, 1997.
36) ibid.
37) ISO 31000:2018, *Risk Management – Principles and Guidelines*.
38) Rasmussen, J. "Risk management in a dynamic society: A modelling problem," 1997.

39) James Clay Moltz, *The Politics of Space Security*, 2019. 2007년 중국 ASAT 실험은 국제 전략 환경의 전환점을 상징.
40) ISO 31010:2009, *Risk Assessment Techniques*.
41) Henry Mintzberg, *The Rise and Fall of Strategic Planning*, 1994.
42) UNDP, *Foresight Manual*, 2018. 전략적 예지분석(SFA)의 구성 요소와 정책 적용 방안을 구체적으로 제시.

IV. 우주 발전 전략의 도전과제와 전망

가. 우선순위 과제 해결을 위한 노력

1) ISO 31000:2018, *Risk Management – Principles and Guidelines*, 2018.
2) James Clay Moltz, *The Politics of Space Security*, 2019.
3) Aerospace Corporation, *Designing for Resilience*, 2021.
4) LeoLabs, *Conjunction Data Message Service Whitepaper*, 2021.
5) ESA, *Iridium-Cosmos Collision Report*, 2010.
6) U.S. Space Force, *Spacepower Doctrine*, 2022.
7) Secure World Foundation, *Global SSA Trends Report*, 2023.
8) Joint Chiefs of Staff, *JP 3-14: Space Operations*, 2020.
9) Aerospace Corporation, *Designing for Resilience*, 2021.
10) ESA, *Iridium-Cosmos Collision Report*, 2010.
11) ibid.
12) OECD, *The Economics of Space Traffic Management*, 2019.

13) EUSST, *Annual Report on SSA-STM Harmonization*, 2023.
14) U.S. DoD, *Joint All-Domain Command and Control(JADC2) Strategy*, 2020.
15) ibid.
16) U.S. DoD, *Electromagnetic Spectrum Superiority Strategy*, 2020.

나. 뉴스페이스 영역의 협력과 발전

17) Space Foundation, *The Space Report*, 2022.
18) OECD, *Regulatory Frameworks for Space Launch and Licensing*, 2022.
19) NASA, *Commercial Lunar Payload Services (CLPS) Overview*, 2020.
20) ISO 31000. *Risk Management - Principles and Guidelines*, 2018.
21) LeoLabs, *Conjunction Data Message Service Whitepaper*, 2021.
22) OECD, *Regulatory Frameworks for Space Launch and Licensing*, 2022.
23) ITU, *World Radiocommunication Conference (WRC) Reports*, 2023.
24) 한국항공우주산업진흥협회, 우주산업 인재 수급 분석 보고서, 2022.
25) European Commission, *Copernicus Agriculture Report*, 2022.
26) NASA Earth Science Division, *Food Security Applications*, 2023.
27) UN OOSA & World Bank, *Towards Space2030: Guidelines for Integrating Space Applications in Development Programs*, 2021.

다. 우주의 정치화와 국제협력 규범

28) U.S. Space Force, *Establishment Statement*, 2019.
29) CSIS, *Space Threat Assessment, China and Russia Military Space Activities*, 2023.
30) UN, *Outer Space Treaty*, 1967.
31) Secure World Foundation, *Global Counterspace Capabilities Report*, 2022.

32) UN COPUOS, *Report on the Prevention of an Arms Race in Outer Space*, 2021.
33) OECD, *Norms and Rules in the Global Space Order*, 2022.
34) 한국과학기술기획평가원(KISTEP), *우주항공청 설립 정책 분석 보고서*, 2023.
35) U.S. Department of Commerce, *Space Traffic Management Policy Report*, 2021.
36) UN COPUOS, *Annual Meeting Report*, 2023.

라. 우주 시장경제의 확대 발전

37) NASA, *ISRU Development Roadmap*, 2021.
38) CNSA, *Chang'e Lunar Exploration Program Report*, 2020.
39) Government of Luxembourg, *Space Resources Act*, 2017.
40) Xinhua News Agency, "China to test space-based solar power technology by 2030," 2019.
41) NASA & ICON, "Lunar Surface Construction Technologies," 2021.
42) Obayashi Corporation, "Space Elevator Construction Roadmap," 2019.
43) SpaceX, *Starlink Deployment Statistics*, 2024.
44) Axiom Space, "Axiom Station Overview," 2023.
45) ESA, "Medical Research in Microgravity," 2021.
46) NASA, "Veggie Plant Growth Project," 2020.
47) ESA Education Programme, "Space Careers and Training," 2022.
48) 한국항공대학교, 『우주융합교육 개편안 보고서』, 2023.
49) UAE Space Agency, *Space Law &Insurance Regulation*, 2021.
50) JAXA & NEDO, "Technology Commercialization in Space," 2020.

우주를 품은 호랑이

초판 1쇄 발행 2025. 5. 30.

지은이 김훈
펴낸이 김병호
펴낸곳 주식회사 바른북스

편집진행 김재영
디자인 양헌경

등록 2019년 4월 3일 제2019-000040호
주소 서울시 성동구 연무장5길 9-16, 301호 (성수동2가, 블루스톤타워)
대표전화 070-7857-9719 | **경영지원** 02-3409-9719 | **팩스** 070-7610-9820

•바른북스는 여러분의 다양한 아이디어와 원고 투고를 설레는 마음으로 기다리고 있습니다.

이메일 barunbooks21@naver.com | **원고투고** barunbooks21@naver.com
홈페이지 www.barunbooks.com | **공식 블로그** blog.naver.com/barunbooks7
공식 포스트 post.naver.com/barunbooks7 | **페이스북** facebook.com/barunbooks7

ⓒ 김훈, 2025
ISBN 979-11-7263-406-3 93300

•파본이나 잘못된 책은 구입하신 곳에서 교환해드립니다.
•이 책은 저작권법에 따라 보호를 받는 저작물이므로 무단전재 및 복제를 금지하며,
이 책 내용의 전부 및 일부를 이용하려면 반드시 저작권자와 도서출판 바른북스의 서면동의를 받아야 합니다.